单身女孩在北京

黄靓妮 著

中国工人出版社

图书在版编目（CIP）数据
单身女孩在北京 / 黄靓妮著. —北京：中国工人出版社，2020.12
ISBN 978-7-5008-7572-7

Ⅰ. ①单… Ⅱ. ①黄… Ⅲ. ①随笔—作品集—中国—当代 Ⅳ. ①I267.1

中国版本图书馆CIP数据核字（2020）第250139号

单身女孩在北京

出 版 人	王娇萍
责任编辑	左 鹏
责任印制	黄 丽
出版发行	中国工人出版社
地 址	北京市东城区鼓楼外大街45号 邮编：100120
网 址	http://www.wp-china.com
电 话	（010）62005043（总编室） （010）62005039（印制管理中心）
发行热线	（010）62005996 82029051
经 销	各地书店
印 刷	三河市万龙印装有限公司
开 本	880毫米×1230毫米 1/32
印 张	7.25
彩插印张	0.375
字 数	180千字
版 次	2021年8月第1版 2021年8月第1次印刷
定 价	45.00元

目录

她他

表姐的相亲路 3
钻石王老五 18
失去了温柔手 33
被维纳斯吻过的女人 41
七个单身男孩 54

浴火

房子和她们 75
网红梦与大拇指运动 93
孤独，我最亲密的朋友 116

进阶

她的独诉 127
避风港 141
必须性感 153
抉择与出击 177
爱自己的 N 种方式 199

后记 / 致谢 225

她 他

表姐的相亲路

——我们不愿意去相亲，可我们又没有机会遇到他……

迫不得已的我们去相亲了，我们仍然没有遇到他……

我的表姐因为找不到对象，一气之下，竟然离开了北京。

2015 年，大连某知名 985 本科毕业的表姐来到了北京。她面容姣美，身姿婀娜，才思敏捷，风华正茂。

和北京所有的追梦人一样，表姐珍惜工作，热爱生活。大型国企的铁饭碗保证了她生活上的自给自足。她租住在三里屯附近，抬头就能看见中央电视台、国贸 CBD，时刻感受长安街的川流不息。

上班族的日子匆匆忙忙，表姐却努力地把日子过得有滋有味。她最喜欢北京的夜晚，灯光璀璨，流光溢彩，顶级品牌的霓虹灯广告明亮而耀眼。闲暇时光，表姐常约上两三个好朋友，去酒吧，去24h图书馆，去剧院，去美术展，用力地拥抱北京五彩斑斓的生活。

表姐是一个挺骄傲的人，到了北京以后，她更加自命不凡了。过年回老家，她的京腔京调和我们格格不入。她身上带着的那种首都的气味，让她显得那么兼收并蓄，宠辱不惊，我很羡慕她。

唯一让表姐有点骄傲不起来的是，说好的房租毫无缘由地给她一涨再涨。

那时候，北京的房价已经开始失控了。家里面商量着给表姐首付买个小房子，但是地点、环境肯定比不上她现在租住的房子。表姐坚决不同意。她在老家一直住着大房子，从小就一个人睡一张一米八的大床，她的卧室还有一个吊椅……她无法接受一个偏远的小房子竟然要花费如此巨款，至少她对现在租的房子的环境还算满意。

表姐对家里人说："我可不想花钱买罪受。"

表姐还有一个撒手锏——她觉得以她的条件，找一个和自己同层次甚至更高的男性不成问题，然后两个人一起买房。

两年过去了，表姐在北京漂了两年多了，认识她的人都知道她的条件还不错并且是单身。和办公室大姐的闲聊中，表姐透露出自己没有对象的状况，大姐们都说碰上合适的小伙子一定介绍给她。可最后却是杳无音信，不了了之。

表姐有点着急了。

她能接触到的人，包括男人和女人，合起来也就只有办公室里的十几个人。她的父母绞尽脑汁地搜索在北京的熟人，幸好，还真有几个人愿意帮忙。

在接下来的不到两年的时间里，表姐成功地获得了几次相亲的机会。

首先是一个大她十二岁的男士，平子。

平子同样是北漂，是大型国企较低层级的管理人员，刚刚在自己工作地附近买了一套小房子。介绍人说他是个会生活的人，经常自己做饭。

平子年龄很大了，表姐有些不解，介绍人知道自己还不到二十五岁，或许北京跟老家不一样，就流行这种年龄差？表姐想，不管怎么样，这毕竟是第一次相亲。表姐盛装打扮了一番，穿上小黑裙再配上一双小高跟前去赴约。

一见面表姐的心就凉了半截。

平子的形象根本拿不出手啊，在那儿一坐，一小堆儿，个子应该很矮。表姐脸上的笑容逐渐僵硬，心里纳闷着介绍人这眼光挺清奇，“把我和他放在一起显然极其不般配啊!”表姐心里咕哝着。

看到表姐的平子，没有站起来打招呼，也许他也在为自己的身高感到抱歉。

“你好。”表姐故作温柔谦逊地说。她觉得也不能以貌取人，上来就一棍子把人打死。

平子略微点点头，有点像领导看下属的样子。

表姐心里顿时生出一股火。

“看到年轻漂亮的我，不但没半点激动的反应，居然还那副德行。”表姐心里暗骂，“在单位当个小芝麻领导，出来还真以为自己有多么出众了?”

表姐在心里不断给自己灭火，来都来了，善始善终。表姐努力地保持风度，省得让人笑话。

平子问了问表姐在单位工作得如何，他并没有询问关于表姐的生活，可能他不想探究吧。他自己的生活也没说什么。

“在他眼里我好像就是一个愚蠢的年轻女孩，而他是经验老到的前辈，我应该表示出我的崇拜。”

“他好像对我不感兴趣，是不是介绍人逼他来的？不过长眼睛的都能看出我们到底谁配不上谁。”

表姐回到家就把他微信删了。

“不就是有一个小破房吗？”表姐轻蔑地说，“还跟我摆这么大的谱。”

“本事和年龄不成正比，拜拜。”

接着，来了一个和她同岁的小罗。

小罗的父母很早就从南方搬到北京定居了，小罗就成了土生土长的北京人。

两个人见面前，介绍人管表姐要了几张素颜照，还特意询问表姐性格怎么样，脾气是否火暴，等等。一听到这里，表姐气不打一处来，她想告诉介绍人自己脾气差得很呢，想了想憋回去了，改成了温柔体贴。

介绍人好心地提醒表姐：“这小伙子家境不错，你能找到他，就衣食无忧了。”后来，介绍人不放心，又嘱咐了表姐一句：“你这个东北姑娘别太直白了，矜持一点更好哦。”

见面那天，表姐选了半天衣服，最后敲定了一件薄薄的风衣。

小罗开着英菲尼迪来了。打开车门，表姐看到了西装革履的小罗，两人相视半秒，小罗露出了尴尬的微笑。

到了餐厅，小罗点了几个很贵的菜。表姐觉得两个人吃这么多这么贵的菜，有些过于奢侈了，她和小罗说，不用点这么多，吃不了。

小罗说："没事，我也爱吃这些。"

两个人端坐，礼貌地寒暄。谈论的话题逐渐过渡到将来的打算之类的。

表姐说："北京压力也挺大的，我得好好奋斗啊，升职加薪嘛。"

小罗笑着说："干吗给自己这么大的压力。"

表姐忽然很尴尬。

"志存高远难道不是一种优秀吗？在你这里，反倒有点被轻视的意思……"表姐心里寻思着。

"那你呢？你怎么打算？"

"我啊，我这人没什么追求，平时除了工作，剩下的时间我就看看游戏直播，我们经常全国联赛，可有意思了。"

“你就是个混子……”表姐心想着。

饭后，小罗提议出去晒晒太阳，两人又移步到了外面的广场。11 月的北京已经寒意袭人了，冷风顺着表姐的荷叶袖口直往里面灌。

表姐说：“有点冷，要不我们进屋坐坐？”

小罗说：“不用，阳光下晒一晒就暖了。”

至此，表姐基本心死了。

“这是一个根本不会心疼人的男孩。”表姐在心里想。

“今天你还有什么安排吗？”表姐克制着失望，问道。

“没什么安排，就是晚上有一个全国的游戏联赛要看。”

“那我们今天就先这样吧。”

那次见面后，两个人谁都没再联系过谁。

表姐说：“像他这样家境还不错的男孩，我要是迁就他一些，或许能成，但是我找不到这样做的理由。他没有什么让我佩服的地方，他在我心里就是一个混吃等死的‘肥宅’。何况，他也没有尊重我。”

“他可能也不喜欢像我这样‘给自己压力’的女孩子，或许他喜欢能陪他打游戏的‘网瘾少女’吧。那么，何苦呢？我不会为了什么所谓的在北京衣食无忧的生活而压缩自己。”

再接着，表姐遇到了老乡鑫子。鑫子比表姐大六岁。

还没见面，表姐就有点兴奋了。照片上的鑫子人非常帅，他的履历更像是开了挂一样，考入顶级学府，各种学术期刊上发论文，拿到博士学位，直接留校当老师……

见到真人后，表姐发现鑫子竟然比照片还帅。

唯一的缺憾就是鑫子的家里条件不太好。他的父母均在县城打工，没有城镇户口。这让表姐有些郁闷。但她还是决定接受他的一切。

这时候表姐快 26 岁了，再单身下去，表姐就要崩溃了。可 32 岁的鑫子似乎并不是那么着急。

为什么这么说呢？

除了两个人第一次见面是介绍人约定好的，后面都是表姐主动约鑫子出来的。鑫子也并不是不愿意接受表姐，只是有些不温不火。

他们的几次约会都是以一起吃饭的形式进行。

第一次约会，鑫子请表姐吃的吉野家。

第二次约会，表姐寻思着第一次吃饭是鑫子请的，这次就回请一下吧。鑫子一点都没有推托。

第三次约会，快要到结账的时候，鑫子接了一个电话，好像是学校的事情。鑫子一直说个没完，表姐有些尴尬。“非得等他打完电话再结账吗？不太好吧。虽然上次已经回请鑫子了，这次再请一次也无所谓。”想着想着，表姐就主动把账结了。

结完账不一会，鑫子就放下了电话，他说学校实验室有点急事需要他马上回去。鑫子即刻离开了，只留下一张傻脸的表姐。

“他应该问一问这顿饭花了多少钱，然后给我转账。”表姐心里有点奇怪，不太舒服的那种。

第四次见面，又到了结账的时候，鑫子上洗手间去了。表姐心里冷笑着，“我倒要看看你回来怎么办。”许久，鑫子才从洗手间出来。看到表姐纹丝不动地坐在桌旁，鑫子装作若无其事的样子说：“都吃完了，走啊……”

“账还没结呢。”表姐盯着鑫子，嘴角气得快歪了。

“哦……啊，对了，我手头紧，我这个月的工资都给爸妈寄回去了，我爸最近看病需要一些钱。”

“行啊，真是个极品。”表姐心想着，面带微笑地走向柜台把账结了。人在生气的时候偶尔会气笑的。

回到家，表姐大哭了一场。她觉得尊严扫地。

鑫子不只是不结账的问题。

表姐猜想，鑫子实验室里一定还有那种和他搞暧昧的女学生之类的。表姐和鑫子的聊天记录少得没几页，平时打电话给他，他也经常关机。他说他在实验室有任务不能带手机。表姐甚至还去学校找过他一次，他居然也没出来。

“他压根就不是真心喜欢我吧，但是还觉得我有点用，至少结账时能往前冲。”表姐心想。

“但是如果他和他的女学生出去吃饭，他就会变成请客的那个了吧。”

想到这里，表姐的呼吸开始急促，表姐想抽他一记耳光。气息逐渐平稳后，表姐觉得应该给自己一个耳光。

“可千万别去招惹这些人呢，没钱也行，你有点尊严。伸两个爪子等着别人救济，算什么男人？不对，算什么人？”表姐咬牙切齿地说。

“穷还穷出理来了，他觉得我给他花钱顺理成章！”

“他要是真的那么缺钱，就应该把占我便宜的劲头放到怎么赚钱上去。一个男人在钱的问题上可以如此不要颜面，我唾弃他。”

……

还有几个小伙子被表姐直接拒绝了，连见面都省了。不知道是介绍人太低看表姐了，还是表姐太高看自己了。

被表姐直接拒绝的几个小伙子都有个共性——学历、工作和家里条件都在表姐之下。甚至远远不如表姐。

表姐愤怒地说道："不知道这些介绍人怎么想的？弄来一堆残次品给我，在那儿埋汰我呢是不是？呵！还真别以为找不到对象我就完蛋了！我自己过得好着呢！我还真就不找了！"

说来，倒也是真的有点奇怪，有位介绍人和表姐说："我这里倒是有个小伙子，家里条件很普通，本人形象一般，学历也不高，工作也一般般，这个行不行？你要是愿意我给你介绍介绍，小伙子人品不错，可别错过了。"

在北京的最后一年，表姐认识了三十出头的小铭。

这要感谢某婚介所，表姐虽然花了大价钱买 VIP，但是小铭的确优质。

毕业于北京某高校的他已经在北京拼了十多年了，创业成功，经营着自己的小公司，言谈举止间流露着成功男人的自信又不乏对女孩子的体贴。

表姐觉得小铭才是和自己旗鼓相当的伴侣，之前走了那么多弯路，都是上天的安排，就是为了能遇上这个对的人。

小铭平时非常忙，难以想象一个人能忙到这种地步。他不是在出差就是在开会，时间安排紧凑得离谱，脚不着地。

“这也许就是真正的成功男人的生活。”表姐心里想，“虽然有点不习惯，但是慢慢我就会适应他的节奏了，近朱者赤，近墨者黑，我也会变成和他一样优秀的人。”

小铭每天都会和表姐各种问安，他们的微信聊天记录翻都翻不完。每次来信息，表姐都异常兴奋，“这可是小铭百忙之中抽出的间隙。”

小铭和表姐见面的时间不固定，要看小铭的日程安排。但每次见面，都极度浪漫。

一次，表姐公差要到外地住上两晚，小铭主动提出陪表姐同行，也当作二人的小旅行了。

表姐非常开心。小铭就是小铭，就是浪漫。

高铁上，小铭的手机闪个不停，他一直在给别人回复消息。表姐知道他在处理工作，便在他身旁幸福地闭上了眼睛。

第二天下午，表姐办完公司的事情，和小铭两个人去了当地的旅游景点打卡。他们互相拍照。就在表姐用小铭的手机给他拍照的时候，突然跳出一个聊天框，那是一个女人的头像。

表姐控制住哆嗦的手，点了进去，映入眼帘的是满屏的暧昧。

“亲爱的，你怎么啦?”小铭赶紧过来。

“你给我解释一下。”表姐只觉得天空在旋转。

“哎呀，这个是我最近一个项目的客户，我得和她搞好关系嘛。”

自己太蠢了，表姐只觉得自己太蠢了。

有那么一瞬间，表姐觉得这世界的一切都是假的。

或者说，并不是假的，而是真实的东西，它过于残忍。

表姐专注于小铭光辉闪耀的正面，因为那是真实的，可他的背面，那种用花言巧语和浪漫伎俩玩弄女性作为他空虚寂寞时的消遣，是同样的真实。

表姐自动撤离了，不听解释，不问缘由，表姐甚至没有流下一滴眼泪。

“北京不相信眼泪，你知道下一句是什么吗?”表姐问我，“北京也不相信爱情。”

“在这里我是不会找到的了。”

表姐铁了心要离开了。

正值大连某企业的对口部门招聘高管，表姐立即参加面试，凭借扎实的工作经验被顺利录取。

至此，表姐四年的北漂生活画上了句号。

表姐离开北京的同年，我到北京工作了。

一个人孤独地静坐在北京的黑夜里，我想着表姐的故事，也想象着，她的经历或许即将是我的、我们的将来。如果当初表姐找到合适的人，以她对北京的热爱，她应该会留在北京的。

现在北京的现实是什么？女多男少，比例严重失调，男孩拥有更多的选择权。这就是我们必须意识到的客观存在。

不过，没什么大不了的。

表姐后续：

打包行李的那几天，表姐小心翼翼地整理着自己的梳妆盒，里面大大小小的化妆品混合着几瓶 CHANEL 香水，散发着迷人的味道。表姐说：“这些瓶瓶罐罐我都要带回去，看见它们就好像看见我年轻时在北京的日子一样。”

“现在您也不老啊。”我笑着说。

“那是，我五十岁之前都是年轻的！”表姐骄傲地说。

回到大连的表姐坦然、平和，工作之余，坐看云卷云舒。

很快就有人给介绍对象了。几个月以后，表姐遇到了一位真正的如意郎君，前段时间，表姐终于步入婚姻的殿堂。他们生活在一个离海不远的别墅里。

表姐回老家这件事在一些人眼中或许是失败的，但是谁又能为谁定义什么是幸福呢？表姐是一个优秀的女人，虽然她不愿意住破旧的小房子，虽然她挑挑拣拣谁都看不上，但是她工作起来可真是会让人刮目相看。

或许，表姐没在北京买房子也成了她打道回府的一个潜在原因。或许，她潜意识里还眷恋着大连，海风、沙滩，辽东半岛美丽无限的自然风光。

钻石王老五

——钻石王老五，或许如钻石般闪耀，
却也如钻石般坚硬。

据说，北京的单身女性数字已经大到惊人，那么按照科学来讲，钻石般的老男人不应该被剩下。但他们还是在如此有利于他们的婚姻市场中被剩下，这个问题值得思考。看看这三个钻石王老五的故事，当然，他们是不是钻石还有待考量。

在这里，我们暂且称呼三个王老五为老 A、老 B、老 C 吧。

老 A 通过朋友介绍认识了桐桐，和她微信聊了不到一个月就被拒绝了，连面都没见上。老 A 觉得好委屈。

他们是老乡，两人的条件对比如下：

	年龄	形象	学历	工作	家庭背景	在北京是否有房产？	收入/增长潜力
老 A	36 岁	很一般	普通研究生	某中央直属单位 正处级别	父母均为老家退休县级领导	拥有一处上好的房产（购买时享受优惠政策）	月薪 2 万，增长潜力不大
桐桐	24 岁	很漂亮	985 本科	某知名杂志“黑马”编辑	父母均为老家 985 大学教授	暂时在单位附近租房未来购房父母帮忙首付不吃力	月薪 1 万+，增长潜力很大

老 A 认识桐桐以后欣喜若狂，多年来他从未遇到过如此中意的女孩，他对桐桐满意值百分百，恨不得赶快结婚生子。

桐桐也很高兴认识这个老乡、老大哥，她最需要的是呵护和欣赏，如果对方还能照顾她的生活，那就更好不过了，年龄不是问题。

起初，老 A 说了一句让桐桐很感动的话，老 A 说：“我们年龄相差得多了些，但我愿意像父辈那样呵护你，同时还要像弟弟一样逗你开心。”

我们来看看老 A 是怎么做到在短时间内被拒绝的。

老 A 很细致，很体贴，也很主动，每天都会对桐桐嘘寒问暖，给桐桐发早晚安，发自己的运动记录，甚至是随手拍的路边风景。桐桐对这些并不反感，不过有时候信息量太大，她一时不知道回复什么（可能有些代沟吧），而且，桐桐那段时间手头堆了很多稿子，为了及时回复显得礼貌，就索性回复一个。

老 A 对此很不满。

第一次，老 A 半开玩笑地说：“你别总忽悠我啊。”

第二次，老 A 又半开玩笑地说：“我不喜欢你给我发的。”

第三次，桐桐回复了一个🙂，老 A 说：“你发这个表情很好，我喜欢。”

也许是第四次，在老 A 连续发了很多后海风景照以及一些微信推送后，桐桐又回复了一个👍。

老 A 很严厉地说：“我说过了，我不喜欢你发这个👍。”

也许是因为桐桐几次给他回复👍，老 A 觉得自己受到了轻视，他开始反攻了。

桐桐是一个炫酷，性感的女孩，她喜欢拍照，喜欢打卡，偶尔也会在朋友圈展示一下。

一次，桐桐刚发了一条动态，在任何心理健康的人看来都是青春洋溢的、满满的正能量，给人以美好的享受。老 A 却不知为何，仿佛受了什么刺激一样，做出了一个类似挑衅的举动，他给桐桐发了一个东西——那是一篇看似清纯的某高校校花的短文推送。

以上，十分突兀地发生了。

言外之意，你别觉得你自己青春靓丽，人家在校大学生那才是年轻美貌，你，在我这里，别以为你就有多么年轻美貌。换句话说，以我老A的条件，想找个大学校花，也是轻而易举的。

高智商的桐桐秒懂。

“这绝对不是和我共度一生的人，即便他以后当再大的官。”

至此，桐桐礼貌地告诉老A不能按照男女朋友相处了。

老A至今也想不通自己哪里做错了。

我来帮他总结一下吧：

老A和桐桐连面都没见，张口就是“父辈的呵护”，可事实上，连桐桐回复这件小事都不能给予包容和理解。一个中年男人不能自圆其说的滑稽实在让人大跌眼镜。老A所谓“父辈的呵护”只怕是呵护女孩的“青春和美貌”，而不是呵护“她的精神、她的心灵”。

老A喜欢桐桐的美貌、青春和才华，但这种喜欢更像是虚荣心在作祟——桐桐可以装点他，抬高他，让人觉得他是一个成功人士。

可同时，他又嫉妒桐桐的这一切。

老A的劣性一览无余了。

利用你的美貌，同时还嫉妒你的美貌；利用你的年轻，同时还打压你的年轻；明目张胆地告诉你，他还可以找更年轻的；利用你的才华，但事实上，他根本不知道你的才华体现在哪里。

事实上，老 A 真的不知道桐桐的价值和闪光点在哪里。倘若他知道，那他一定会想到她的思维高度，努力和她保持在同一个频道，包容她的尖锐个性，而不是强迫她装出感兴趣的样子，示弱，或是顺从。

老 B 和菲菲是在一次与某海外公司经济纠纷的谈判中认识的。两个人交往了有大半年时间，然后分手了。他们的条件对比如下：

	年龄	形象	工作	学历	在北京是否有房产？	收入/增长潜力
老 B	46 岁	很帅	风险投资高级顾问	研究生	在多地有多套房产 长期在金融街附近租住高级公寓	合伙入股一家公司，年收入 300 万+ 增长潜力未知
菲菲	27 岁	妩媚	某翻译公司商务翻译	知名语言大学本科	在通州租房 未来购房父母没有能力帮忙首付	年薪 20 万+，增长潜力未知

老 B 是真正的多金王老五，有着和年龄不符的体态，保养得很年轻。

菲菲是一位年轻出色的翻译官，曾在多起谈判中发挥了举足轻重的作用，外加她形象出众又不失干练，在业界小有名气。

两个人着实都被对方深深吸引着。

半年后，他们的关系以一种戏剧性的结局收尾了。菲菲永远记得那天，像扎在心窝里的一根刺，总也拔不出来。

我们来梳理一下他们的发展脉络：

从确立关系那天起，菲菲便住进了老 B 的高级公寓，直到分手。老 B 对生活的姿态说起来有些搞笑：

菲菲在他的家里做饭时不能炒菜，不能制造出油烟。老 B 奉行西方的饮食，青菜要水煮，肉类就直接放进烤箱；

两个人看电视的时候，菲菲不能打扰到他（所谓打扰，就是说说话，搂搂抱抱）；

老 B 睡前必须洗澡，因此菲菲也必须洗澡，洗澡才能上床睡觉。睡觉时两人各盖各的被子，用菲菲的话说就是“中间像隔了一道海”。

在菲菲的勉强维系甚至是牺牲自我之下，两个人的同居生活还算和谐。

菲菲有一头及腰的长发，每次洗晾吹要一个小时；菲菲的饮食习惯一直都是重口味，那段时间也天天跟着老 B 清水煮菜了；看电视和睡觉时，菲菲很想和他腻歪在一起，但是老 B 的规矩雷打不动……

菲菲在老 B 家住了半年，老 B 从来没说过要给她配一把钥匙。一天早晨，他们因为一件小事吵架了，老 B 让菲菲离开，说现在不想看见她，菲菲夺门而出。傍晚时分，菲菲越想越委屈，她起身跑去老 B 家和他理论。

看到菲菲站在门口，老 B 瞬间变脸，大发雷霆。

“我已经说过了，现在我不想看见你。”

“你马上离开我的家。”

“再不离开我要找保安了。”

菲菲被这一连串的炮轰震惊了，瞬间忘记了自己刚刚准备的措辞。

不过这并没结束。

老 B 接着说：

“把你的东西也搬走，今晚就搬走。”

于是菲菲永远忘不了那晚，她一个人把东西从老 B 家搬出来，搬上车，手不停地颤抖。强烈的震惊之下，许久，才发现心痛在缓缓蔓延……

过了两个月，老 B 想要复合，菲菲拒绝了。

“他那天的行为已经暴露了一切，如果我和他和好，这种事情还会发生无数次，成为我和他生活的家常便饭。”

“我曾和他探讨过要孩子的问题，他说如果有了孩子，他会对孩子负责的。”

“也许他想让我给他生一个孩子，但他不能向我承诺婚姻，至少现在，他不能。”

菲菲牺牲自我式的退让，也终没换来老B的一丝心疼，还是在一天深夜，把这个比他小了快二十岁，在北京举目无亲的女孩狠心赶出去了。

菲菲并不需要靠着男人的施舍过活，只是我们在爱情的幻梦里更愿意相信，相对强大的一方自然会保护相对弱小的一方。然而现实却往往并非如此。

和多金王老五在一起你会发现，他们通常是制定规则的人。对于他们来说，女人——所谓的伴侣，其实就像是一个首饰，可以戴，可以不戴，戴着顺手就多戴，不顺手就不戴，扔掉。

我们可能会想象他们富有而又孤独的生活，一定需要被情欲填满。而事实上，他们绝对不会纵欲过度，相反，他们非常会保护自己。青春靓丽的女孩，在他们身边，也不过就是一道配菜，一件风衣，一个可以向世界炫耀自己成功的，装饰品。

菲菲和老B在一起的时候，他只送过她一些小礼物，对于老B而言，轻如鸿毛。

倘若菲菲受尽羞辱后还继续赖着他，不顾尊严和底线去包容他，即使最终为他生下了孩子，也并不会“母凭子贵”。因为对于他们来讲，钱能买到的东西，都不算事儿。

老 C 和小琳在一次家庭晚宴中相识。晚宴的组织者亮哥是小琳的老乡，算是知根知底的朋友。老 C 和小琳初见的当晚，老 C 爱慕的目光就没离开过小琳，小琳也第一次感受到什么叫作相见恨晚。

此后，两个人的恋情飞速发展，而就在开始擦出绚丽爱情火花之际，一堵忽然出现的围墙挡住了小琳的脚步。我们还是先看看二人的条件对比：

	年龄	形象	学历	工作	家庭背景	在北京是否有房产？	收入/增长潜力
老 C	38 岁	俊朗	博士	某体制内企业高管	父母均为老家中学教师	至少拥有一处房产	月薪 5 万 增长潜力极大
小琳	25 岁	秀美	211 研究生	某事业单位刚入职小白	父母均为老家公务员	在单位附近租房 未来购房父母帮忙首付不吃力	月薪 8 千+ 增长潜力较大

那天晚上，大家都坐好了以后，亮哥开始依次介绍每一位来宾。介绍到老 C 的时候，小琳心中一阵窃喜，她最近在工作中遇到了一件麻烦事，而老 C 恰巧就是这个行业的“专家”。更令小琳兴奋的是，她用余光都能感受到来自老 C 温情而火热的注视。直到今天，小琳都无法忘记那宠溺、偏爱的目光，或许，她永远都不会忘记。

自由敬酒的时候，老 C 第一个站起来，他就等着这一刻呢。他朝着小琳的方向走来，途经两三位陌生人，老 C 简洁而又不失礼貌地逐一碰杯。小琳用余光看着老 C 一点点接近她，心跳愈来愈快。

“姑娘，可以敬你一杯吗？”

小琳慌乱地抓起酒杯，在她把脸转向老 C 的时候，她故作镇定地直视老 C 的双眼。

这种直接而突兀的审视让老 C 慌了阵地，是的，你没看错，这个快四十岁的优秀男人，在小琳面前羞涩了。

老 C 将杯中酒一饮而尽，小琳只是浅浅地嘬了一口。

“你们很有缘啊，好好认识一下。”亮哥拍拍老 C 的肩膀，又朝小琳笑了笑。

“那哥我们加个微信吧，有事我好向您请教。”

“叫我叔叔。”老 C 美滋滋地说道。

当晚结束以后，老 C 叫了一位代驾，送小琳回家。路上，他们聊了很多很多。小琳刚才在饭桌上未说出口，现在她把工作中遇到的困难讲给了老 C，老 C 听闻即刻便给朋友打了个电话咨询。“以后再有这种问题第一时间找我解决。”老 C 说这句话的时候是纯净而诚恳的，不带有一丝炫耀。小琳的心里酥酥的，很惬意。她有点开始崇拜老 C 了，不光是他的成就，他的人脉，他的学识，更重要的是他成熟却依旧质朴的心。

坐在老 C 身旁，小琳第一次觉得，在偌大的北京，终于有一个可以依靠的人了。是的，虽然才认识不到一个晚上，小琳就是觉得可以无条件地信任他，可能是一种直觉吧。

很快就要到小琳家了，小琳也不知道为什么，时间过得这么快。她看了下表，已经夜里十一点半了。

小琳不知道送完自己后的老 C 回到家要几点钟了，她想问问老 C 住在哪里，可是，万一他住在偏远的郊区……小琳不想看到他窘迫的样子。至少，今晚她不想。

“你住得远吗？”小琳觉得这样问既表达了关心，又不会令人尴尬。

“额……北京嘛，嗯，其实都不算远的……都挺方便。”老 C 结结巴巴地回答道。

或许，他住在郊区？或许住在位置不那么好的地段？小琳心里想着，他或许是租的房子。忽然，小琳心中阵阵酸楚。这，也许就是北京。很多人有着光鲜的工作，拿着不菲的薪水，却还是不得不向天价的房子低头。

她竟有些同情老 C，虽然她自己还一无所有。

那天夜里，小琳辗转反侧，她不停地回味和老 C 在一起的瞬间。她幻想着老 C 在工作中霸气十足的样子，可在她面前却又像个羞涩的男孩。或许他就是自己的真命天子？小琳禁不住笑出声来，他最多算是真命大叔吧！

第二天清晨，小琳就收到了老 C 的问候。接下来的几天，他们依然时常问候。小琳从前只谈过一次恋爱，当时她和那个男孩

我来了，我又走了，北京

长安街夜晚的车辆川流不息，它们短暂地平行、交会，璀璨而迷茫，遂即沉默在黑灰色瞳孔中，驶向未知

梦里不知身是客

都只有十九岁，而男孩却比她还要鲁莽自私。

时隔几年，小琳再次拥有了恋爱的感觉，而这次的他，却是对自己呵护备至。那我们现在算不算男女朋友呢？小琳忽然想到《破产姐妹》里 Caroline 问 Max 那个大叔是你的男朋友吗，Max 回答道："Boy friend? Are you kidding? That guy is a m-a-n!"想到这里，小琳笑得合不拢嘴。

两个人开始甜甜蜜蜜你侬我侬了，这一周很快就要过去了。老 C 得知小琳到北京以后也没去过哪里，就提议周末自驾到北京周边玩两天。

一路上，两个人看着窗外的美景，听着音乐，小琳感受到了前所未有的快乐。而老 C 更是仿佛脱胎换骨一般，他的身体注满了青春的活力。

老 C 走路蹦蹦跳跳的，像个孩子一样喜笑颜开。他告诉小琳，自己小的时候是个体育健将，可以徒手爬树，说着就要立马给小琳展示一下。小琳赶紧拽住老 C，他憨直地傻笑着，眼角的皱纹逐渐晕染开来，像两只美丽的蝴蝶。小琳无奈却又倍感幸福。

"以后我一定要好好对他。"小琳心想着，"在这纷繁复杂的北京，他能一直坚守到现在，宁缺毋滥，便值得拥有一切美好。"

要说恋爱的人最愚笨，此话一点不假。多巴胺的强烈影响下，没人可以明察秋毫。好在小琳算是个绝顶聪明的女孩，就在这一切都美得犹如电影般难以置信的时候，小琳还是发现了一丝反常的端倪。

老C和小琳当晚发生的一切都非常美好，可是第二天清晨，在返回的路上，老C却不言语了。小琳觉得自己和老C之间是那么亲密，可是，忽然之间，又仿佛那么陌生……

现在，直觉告诉小琳，有必要再深入了解一下老C了。

“那，你的父母现在也在北京吗？”小琳打破了沉默。

“他……他们在老家。”

“你的父母就你一个孩子吗？”

“哦，我还有一个妹妹。”

“也在北京？”

“在老家。”

几句平常的询问，老C脸部的肌肉逐渐僵硬。小琳忽然想起第一天晚上……她问老C住得远吗…对！那天就是这个表情！一模一样的表情！

小琳有些心慌了，她甚至有点开始冒虚汗了，因为她觉得老C很可能心里有鬼。她强装镇定地摇下窗户，伴着清风，她整理着思绪。

“你交过几个女朋友？处过多久？她们都是做什么的？哪里

人？”小琳实在憋不住了，一口气全说出来了。她冒着虚汗，盯着老C。

“我，其实有过一段比较，呃，比较复杂……就是……”

“你结过婚？”小琳不假思索地脱口而出。

“是的……”

“你有孩子了？”

“是的……”

小琳一瞬间眼泪夺眶而出，掩面痛哭起来。

“你……你听我说，我……我，八年前就离婚了，我当时是闪婚……我，唉，我……”

……

不知道开了多久，伴着小琳断断续续的啜泣，拙嘴笨腮的老C结结巴巴地说：

“我……我问你，假如我没有孩子，你真的会考虑和我结婚吗？”

“当然了，否则我现在能坐在你车上吗？”小琳抽噎着。

“那么，假如，你……你一开始就知道我有孩子，你还会……和我开始吗？”

“不会。”

也许真的是这样，如果第一天见面，小琳就知道老C是离过婚并且还有孩子的男人，后面的一切都不会发生了。短短的一周，小琳的心却跌宕起伏，在最幸福的时候遭受当头一棒，满心期待地吹着一个美丽的气球，却在它快要达到最饱满的时候破裂了……

“不过我不后悔没早点问他，我不后悔和他经历的一切。”小琳说。

对于这些个老C，说到他们，往往令人心情沉重。辉煌的外表，成功的事业，过人的能力，超凡的毅力，他们是同龄人中的佼佼者，吃过无数的苦，也没能使他们成为幸福的人。在外人看不到的角落里，他们的身躯和心灵千疮百孔。

他们是极度孤苦伶仃的一群人。他们比我们想象中更加珍惜真正的情感和爱情。珍惜，却又力不从心。

“从来没有人对我这么呵护过，他的眼神那么柔软，他的手那么温暖……”小琳哽咽着，幸福的眼泪在眼中打转，幸福，却又有几分痛楚，缺憾的痛楚。

“我并没有真正放下过他，只是……现在的我还是难以接受这样一个男人。”

失去了温柔手

——温柔手，当它在我身边的时候我却不以为然，
直到，我失去了它。

有时候，生活的残酷或许教会你如何去寻找一个港湾，但是，在那个港湾里，你却没学会怎样去善待那颗温柔呵护你的心。

两个悲伤的故事。

认识他的时候，颖姐 25 岁。

他是一个地道的广东商人，很小就和父亲学做生意，而后独自一人到北京开疆拓土。虽然文化程度不高，但是多年打拼积攒的雄厚实力足以让女孩们驻足。

颖姐和他在一个偶然的场合相遇。中国传媒大学的四年学习

和电视台的三年工作让她彻底蜕变成一个优雅的媒体人，也让他一见如痴。在他的疯狂追求下，颖姐幸福地坠入爱河。他即刻让颖姐从小出租屋搬到他的住处……他知道她虽然工作时美丽光鲜，背后的生活却很是拮据。

这个朴实的商人真心真意地向他爱的女人付出着，颖姐和他度过了一段难忘的时光。

“我和他在一起，虽然没有什么心跳的感觉，但是心里特别踏实。”颖姐回忆着说。

可危机往往存在于“没什么心跳的感觉”。

他们在一起的第二个年头，颖姐萌生了想辞职和朋友一同创业的想法。台里单一枯燥的工作和一眼望不到头的晋升之路让颖姐渐渐麻木。是的，她相信自己的才华绝不能被这样的枷锁捆绑住，她要当自己的老板。

起初，他坚决反对。他提供的物质保障足够颖姐和他们未来的孩子一辈子无忧无虑地生活了。他经常奔波在外，当然不希望自己的女人也去抛头露面。最好稳稳当当地留在台里，体面又让人艳羡，闲下来的时间正好相夫教子。

他们在这个问题上僵持了很久。他是真的爱她，最后还是向她妥协了。

颖姐离开了电视台，和几个志同道合的朋友成立的公司在高碑店开业了，终于可以自由地拥抱她爱的媒体业了。和所有出去做生意的人一样，颖姐也不得不经常参加饭局，必要时还要赔上些笑脸。但她乐得其中，为了事业，为了梦想嘛，更何况还能认识一些一直敬仰的行业牛人。

颖姐和战友们经历了很多困难，毕竟创业是异常艰辛的。她的心态有时会很糟糕。

他希望颖姐和他坦白所有的一切，包括颖姐遇到的人，参加的聚会，甚至要查看她的手机。他害怕颖姐会被外面的人或事吸引，他怕他们之间的思维差距越来越大。

可是这让颖姐更加想要逃避。她不愿意和他毫无保留地分享一切。在内心深处，颖姐认为以他的学历、层次，实在没法为她指点迷津。而他的插手，只能起到阻碍的作用。

矛盾就这样被激化，他想要知道她的事，他认为自己有权利知道她的一切，而她，不想被他束缚。在婚期前的一个月，他们大吵一架，分手了。

“这种分手好像是在赌气。”颖姐说。

颖姐的确是在赌气，可是他已经伤透了心。

“也许，我做生意时积攒的负面情绪没有被正确处理，也许，我真的没有很好地对待他。”

就这样，三年的爱情长跑结束了。有一阵子，颖姐好像突然找不到人生的方向了。遗憾、无奈，颖姐剪掉了厚长的黑发，再次转身没入繁忙的工作中。

当我遇到颖姐时，已是再过四年的事了。第一次看到她时，她干练、沉稳，精致的短发藏起所有少女的天真。

四年里，颖姐遇到了形形色色的男人，他们或地位显赫，或新潮酷炫，或才华横溢，或风流倜傥，但颖姐总觉得他们少了一份心底的真挚。

“他是一个很忠厚的男人，他会主动把手机交上来让你看，你问他的问题即便他想隐瞒，当你问到第三遍的时候，他还是会和盘托出的。”

如果说颖姐的故事让人惋惜，那晴晴的遭遇实在没法获得别人的同情。

单亲家庭的晴晴从小和母亲相依为命，母女二人靠着开小杂货店为生。杂货店就在居民楼的一层，外面卖货，里面是卧室。晴晴就这样一边帮着妈妈卖货，一边长大。

再小本的生意也是生意，常常会伤人脑筋，又是孤儿寡母，她们的生活确实比正常的家庭要艰难。晴晴知道心疼妈妈，总是放了学就跑回来帮忙，十五六岁的时候就独自去批发市场进货了。

高中的时候妈妈不让晴晴帮忙了，还给她报了补习班，可没过多久就被晴晴给退了。晴晴说她学不明白，还浪费钱。

就这样混了三年，高考的时候她照三本分数线还差几分。没什么出路的她来到了北京。

凭借姣好的容貌，她去了一家高档酒店做服务员。不久，她听说海淀有一个学广告传媒的成人班可以收学生。心中的一丝不甘心激起了她对学习的渴望，拿着大半年攒下的工资，又管妈妈要了些钱，晴晴报名学习。

就是在这个班上，晴晴遇到了她曾经的爱人，现在的前任，一个憨厚的内蒙古小伙子。

小伙子对晴晴一见钟情，看她哪里都好。两个年轻人很快走到一起了。男孩为了晴晴，离开了合租的舍友，在学校附近租了房子。他们在一起的时候，男孩从没让晴晴交过房租。

毕业后，两个人都在国贸附近找到了工作，他们便搬到望京那边住了。男孩家里答应给他们买婚房，晴晴要求房子写她和男孩两人的名字。男孩毫不犹豫地同意了，他的父母最后也默许了。

男孩的父母就是工薪阶层，考虑到孩子将来要去海淀区上学，他们最终把房子选定在了回龙观，准备全额付款。

就在这一切都正常进行的时候，晴晴在一次朋友聚会上邂逅了一位在国外留学的高富帅。那时正值他放假回国。

纷乱的谈笑间，晴晴发觉，高富帅总是向自己暗送秋波。晴晴的内心掀起了惊涛骇浪。

吃过饭，大家都觉得意犹未尽，于是转场KTV。他们三三两两地拼车，高富帅主动要求开车载晴晴过去。借着二人独处的工夫，他们互相留了微信，晴晴给他留的是自己的老号（没有秀恩爱朋友圈的）。

这件事以后，晴晴陷入了矛盾。一边是唾手可得的安稳生活，一边是可能发生的嫁入豪门的奇迹。

晴晴决定两个都不丢。

很快高富帅回美国答辩了，晴晴克服了时差，冒着被发现的风险，在男友眼皮底下和高富帅勾搭。晴晴觉得她慢慢走进高富帅的内心了，他们之间虽然隔着太平洋，却是无话不谈。

这样偷偷摸摸的日子很快结束了。高富帅毕业回到北京，晴晴和男友的婚期也基本定下来了。

高富帅常常要和她见面，还要玩到很晚，这下晴晴可找不出借口骗男友了。最后，她想到了同在北京的姐妹。她骗男友说最近姐妹遇上些困难，她得过去陪陪。晴晴给自己的夜不归宿找到了理由。

晴晴的姐妹坚决反对晴晴的做法，她劝过晴晴很多次，晴晴却像着了魔似的，“他是我心中封存已久的梦，现在，这个梦就在我眼前，触手可及。”

然而，梦离得再近，也只能是梦。

高富帅渐渐玩腻了，晴晴还不死心，非要和人家讲清楚，这才发现，高富帅从未动过娶她的念头。晴晴不知道在北京有一种男女关系，叫作“只是玩玩而已”。

万念俱灰的晴晴只好回头找她的男友。

很不幸的是，男友早就发现了晴晴的变心。真心爱她的男友怎么可能没有第六感？

后来，那个内蒙古小伙子娶了一位北京姑娘，自家带了两套房子。

再后来，晴晴母亲生了病，晴晴实在找不到北漂的理由，卷铺盖卷走人了。

以上就是关于失去了温柔手的她们，可能还会有更多的她们……

不过，请你记住：不是谁都可以称作温柔手的，也不是会说温柔话就是温柔手的。

温柔手是一个实力雄厚却专情到为你流泪的男人，和一个眼睛都不眨一下就把房子加上你名字的男人。

他心疼你，所以他牺牲自己的利益，保护你，帮助你，成全你。

请珍惜那个抚慰你的男人，因为这或许就是你今生唯一拥有好男人的机会，错过了，或许就真的遇不到了。

要知道，随便地扔走福报，那可是再要修炼多少年才能轮回啊。

被维纳斯吻过的女人

——她的每段爱情都是那样的残缺和伤痛，但她是如此平静地诉说着，娓娓道来。每当我想到她，我就想到了断臂的维纳斯。

初次见到瑞秋，我就被她超脱淡然的神情吸引，听到了她的爱情故事以后，我把她称作“被维纳斯吻过的女人”。她的经历清澈又神秘，像贝加尔湖畔，多少年以后，如云般游走。

“有的人就是不用费什么劲，恋爱、结婚、生子……一切都顺利地进行着，仿佛人生就应该这样。可我是那个特别坎坷的，每一步都走得异常艰难的人。”她这样说。

我很荣幸能去分享她的每一段“恋程”。

二十几年前的夏天，瑞秋以全省艺考第三名的成绩考入了北京某高校。在那里，瑞秋遇到了她的学长、她的初恋，一个才华横溢、家境殷实的北京男孩。

“我这个人最爱才。”二十年前的那天，瑞秋经过琴房，听到了一阵充满魔性的鼓声，她便爱上了这个敲鼓人。

瑞秋很崇拜那个男孩，男孩也很钟情这个灵秀的南方姑娘。在那段一生中最无忧无虑的岁月里，他们比天下所有恩爱的小情侣都更加甜蜜。

直到今天，瑞秋还能记得男孩带她去过的北京所有的大街小巷，和一起走过的山川与草地。

大二的暑假，瑞秋没有回老家，因为男孩特别想和她一起过这个暑假。所以，在那个暑假，她就住在男孩的家里面，和男孩的父母生活在一个屋檐下。

“他的父母对我就像对自己的孩子一样亲切。”

直到瑞秋步入大四，男孩已经先于她进入社会了。他选择了娱乐圈，给摇滚歌星做鼓手。第二年，瑞秋也紧跟其后，给艺人做经纪人。

不久以后，他们的校园马拉松恋爱永远地画上了休止符——男孩劈腿了一位年长的女明星。成熟的女明星一夜之间就把男孩征服了。

与其说这是一个年轻男孩的见异思迁，不如说是一种必然。简单纯情的校园女孩瑞秋已经不能满足他了，各个方面都无法满足他了。女明星可以带他成长，可以赋予他所谓鼓手的“艺术灵感”。所以，他必须得和瑞秋分手。

至此，男孩的父母也同意了男孩的决定。与其说他们是宠爱儿子，不如说还是介意瑞秋这个一无所有的北漂女孩吧。

感情，多年的感情，最纯洁无瑕的感情，在冰冷的现实面前，没有任何价值。

男孩有权利追求梦想，寻找灵感，放弃了只能“拖后腿”的瑞秋，听起来残酷无情，对他自己而言，却也“天经地义”。

“虽然分手了，但是我们至今还有联系，就像老朋友一样。”

四十岁的瑞秋这样说，她很平静，全然想象不出当年的她会有多么无助和绝望。而当年的负心男孩最终也没和女明星走到一起，不过他的鼓手之路一帆风顺，成了某著名摇滚歌手的御用搭档，也与很多当红的大腕同台合作。

“我的初恋爱人很优秀，我现在还记得和他在一起的快乐时光，一去不复返的年少时光。”瑞秋微笑着说，她的眼中映出一面安谧的湖水。

就是这样的，初恋难忘而苦涩。

上天给瑞秋关了一扇门，却很快又为她开了一扇窗。

有人给瑞秋介绍男朋友了——一个和她年龄相仿的白领，普普通通的上班族。很显然，他没办法和瑞秋潇洒帅气的初恋相比。他只是一个普通人，普通到茫茫人海中你永远都不会随便发现他。每天定点上下班，没有文艺人士的浪漫，甚至不解风情。这就是我要共度余生的人吗？瑞秋有点为难了……

“他对我非常好，怎么说呢，如果和他一起过日子，我基本上就是饭来张口，衣来伸手那种，我知道……他会无微不至地照顾我的生活。”

不过，瑞秋最终也没有选择这个愿意照顾她一辈子的普通人。

“是的，那时候我觉得他太普通了，我就是无法接受他的普通……我觉得，我还有机会遇到更优秀的人。”

“现在想想，也许他是命运安排给我的那个人。”

说来也很玄幻，在和他交往的时候，瑞秋曾做过这样一个梦——在梦里，瑞秋的面前有一尊非常高大的菩萨，菩萨轻轻告诉瑞秋，要对他好一点，而那位普通人就在不远处……

我有花一朵
种在我心中
含苞待放意幽幽

女人花，摇曳在红
尘中
女人花，随风轻轻
摆动
只盼望，有一双温
柔手
能抚慰，我内心的
寂寞

在公园里偶然瞥见这一隅，恍然间仿佛置身家乡公园的湖边

“当时的我并没有在意这个梦，现在想想，这（他）其实是上天想要送给我的礼物吧……可惜……我没有接住。”

瑞秋的确没有照菩萨说的那样对他好一点，她一意孤行地亲手把他推走了。

又过了不久，看不上普通人的瑞秋偶然结识了一位日本男孩。这个日本人的确不普通，而他对待感情的方式就更为奇特。

日本人在北京读的大学，毕业后就职于美国驻中国大使馆。他的外形很迷人，因为经常运动，所以身材健美又性感。不同于很多中国男人的是，这位日本人很会生活，很会玩。而这一切的一切，都让瑞秋深深地迷恋着。

大使馆每周五都会组织聚会，是我们在国内的单位很少见的那种尽情欢娱和畅聊的聚会。日本人常常带着瑞秋一起参加。在那里，瑞秋认识了很多大使馆的朋友，他们不凡的谈吐和绅士的举止渐渐打开了瑞秋僵化的学生格局。

“我的世界在那时逐渐打开了。”

日本人每周都会运动。那时候有一种很流行的时尚三轮车，日本人经常骑车载着瑞秋出去兜风。

当然，最为难忘的还是……“和他在一起的碰撞，给了我极大的愉悦，美好的记忆至今犹存于心。”

而不幸的是，这次，瑞秋又被劈腿了。风流的日本人出轨了一个酒吧女招待。不过这次瑞秋真的是输得不明不白，“这个女招待哪里都比不上我”。更令她难以置信的是，女招待并非真心地爱着日本人，不过是想通过他顺利地拿到美国绿卡……

“那时候我还没学会把感情和物质利益挂钩，或许，直到现在我也没学会，我从未想过用感情和肉体为自己换取利益。可最后，我傻傻地看着他带着女招待远走高飞去美国了。”

“但是，他是第一个改变我的格局的男性。”

瑞秋真心实意地崇拜并爱着的男人对她却是冷酷无情，而这些磨难对于瑞秋来说可能还不够。

接下来这位男主人公是一个年长她十四岁的外交官，一位彬彬有礼、谈吐不凡的商务参赞兼外交官。他有着和年龄相符的稳重以及超乎常人的智商。

外交官经常奔波在外，动辄出国半个月，但是他们的精神始终紧密相连。

外交官告诉瑞秋，自己和妻子长年分居，婚姻早已名存实亡，现在正在办理离婚手续。他还告诉她，他很喜欢她。

当外交官回国的时候，他时不时会带着瑞秋去参加他的活动，那里有他的亲人、朋友，和他一样的外交官，还有很多外国友人。而这一切都在潜移默化地影响着瑞秋。“这些人对艺术的审美和追求很独到，甚至可以引领我。”这使得瑞秋在自己的行业里思路更加开阔了。

大概一年以后，外交官辞去了工作，去深圳发展自己的生意了。瑞秋当时有两个选择，和他分手，或者跟他到深圳去。三思过后，瑞秋选择了后者。

瑞秋的姐姐也在深圳做生意，瑞秋过去了正好也可以帮助姐姐打理事务。当然，这不是她去深圳的主要原因。当时，瑞秋在想，或许可以和他在深圳举行一场浪漫的婚礼。

就这样，已经步入三十岁的瑞秋辞去了北京的工作，追随她的爱来到了深圳。

她以为，外交官下海后就不会像以前那样身不由己了，他们会有很多独处的时间。可她未曾想过，到了深圳以后，两个人之间依然是松散的。或者说，外交官有意地拉开了两个人的距离。一开始，瑞秋还是向好的方向思索，也许他刚刚辞职有些不适应。渐渐地，瑞秋开始醒悟了，女人的第六感告诉她，她不是他的唯一。

“我恐怕连他的女友都算不上，一个情人而已吧。”

“或许，我使出浑身解数，把潜在的情敌都 PK 下去，最后也许会得到他，但是，光是想想就已经使我筋疲力尽了。”

瑞秋最后和外交官分手了，即便她千里迢迢地跟随他，爱慕他。

“他是一个资深的商务参赞，他打开了我的商业之眼。”瑞秋笑着说，“再坏的经历也会在某个方面赋予你力量”。

那个一见面就告诉瑞秋准备离婚的外交官，直至瑞秋离开了也没有真正离婚。

瑞秋退掉了自己租的公寓，搬去姐姐家住。她并不想马上回北京。一来姐姐这边的生意暂时还离不开她，二是瑞秋总觉得，自己在深圳还会有一些可能性。

事实的确如她所愿，“爱神”再次光临。

男主人公就是住在对门的邻居。不知道为什么，瑞秋出出进进的时候总能“碰巧”看到他。

“没有什么繁杂的步骤，我们都是单身，仿佛就是天注定。”

这位男士的家庭背景很不一般，他的父亲曾是中国台湾某位高官的贴身秘书，他的家族在高雄一带很有根基。不过他没有因此就坐享其成，还是跑到深圳自己租房子，和别人一起做生意。

台湾人提议想要与她同居，瑞秋便搬了过去。

“我们在一起的生活还算是很默契的。”

台湾人每天都要上班，瑞秋为他做早饭。白天的时间，瑞秋帮助姐姐打理琐事，工作之余，她还会收拾收拾屋子，洗洗衣服。晚上，台湾人若是没有应酬，她便会为他做丰盛的晚餐。

“我很愿意为他做这些事。”

时年，瑞秋已经30+了，在北京的十年漂泊中，她从未和别人分享过家庭生活。直到她到了深圳，住进了姐姐家，一种久违的温暖才渐渐唤醒她对“家”的记忆。

台湾人也很庆幸自己遇到了这位贤惠又聪明的姑娘，瑞秋不仅照料他的生活，还能慰藉他的心灵。

瑞秋觉得自己的一切都在朝着好的方向发展，她开始思索着未来就留在深圳吧，虽然艺术圈的顶级人物和资源都在北京，可深圳也不会太差的。瑞秋开始研究在深圳的个人职业规划了。

和瑞秋同居以后，台湾人的表现从未让瑞秋失望过，直到他去东莞出差，他出乎意料地反常。

一路上他给瑞秋打了好几个电话汇报情况，我现在和××在一起呢，我们现在在××吃饭呢，你放心吧……

“其实男人往往就是这样，特意地向你汇报的时候，就是他要去做不太好的事情的时候。”

瑞秋知道他去东莞干什么了，当他第一次支支吾吾地汇报时，瑞秋就察觉到了。他们谁都没挑明，但是台湾人一副低三下四、祈求原谅的姿态让瑞秋那颗快要结冰的心融化了。

“我原谅他了，我不漂亮，也不算年轻了，我不敢确定离开他以后我是否还会找到这么合适的人了。”

“虽然这（原谅他）使得我很痛苦。”

台湾人讨好的模样使得瑞秋相信他还是很在意她、很爱她的，只不过是犯了大多数男性都会犯的错误。

那句话说得很对，出轨只有零次和无数次。

当瑞秋第一次原谅他，并且还像什么都没发生过的那样照顾他之后，他就开始渐渐轻视这个愿意忍耐包容他的女人了。

他一次又一次这么做了，再也没有愧疚感了，他心里这样想，反正这个女人已经这样依赖我了，她又能怎么样呢。

“这是真正伤透我心的地方。”

瑞秋没有再纠结，删掉所有联系方式，永远地离开他了。

不久以后，瑞秋再次回到北京了。

对爱情、家庭生活彻底失望的瑞秋失意了好一阵子，最后她决定全身心地投入到工作当中。托曾经的朋友帮助，瑞秋再一次踏入她最熟悉的艺术圈，重新做起经纪人。

“那时我在想，或许我已经错过结婚的最好时段了，可那又能怎样呢？最坏的结果不过就是一个人到老。”

瑞秋把这个“最坏的打算”变成了奋斗的动力源泉，她要为自己孤独的后半生赚到足够的依靠。

“我开始变得‘雌雄同体’了。”瑞秋笑着说，“没有男人保护你，你不得不强大起来，一个人应对所有的一切。”

“这是对自己最好的保护。”

重返北京的瑞秋没有二十几岁时的朝气和莽撞，但她在工作中展现的力量却是持久而顽强的，她身边的年轻人都敬佩不已。

在一次拍摄中，瑞秋邂逅了一位小她十二岁的男孩，只可惜这段恋情很快就结束了。

“我很清楚我要的是什么，我们不能互相给予。”

“但是那个男孩……真的很阳光，很帅气，和他在一起的那几天使我这几年绷紧的神经一下子放松了。”瑞秋略带幸福地回忆着。

再后来，瑞秋的经历开始有些不寻常了。

她遇到了一位年长她很多的女性，这位姐姐是她的行业前辈，她们从见面的一刻开始就非常投缘。她很关心瑞秋的生活，在事业和生活上都给了瑞秋很大的帮助。

“我不确定那是不是爱情，但是我知道，她给我带来的温暖和那种可靠的感觉，是我从男人身上无法获得的。”

“或许，那也是爱情吧。”

“我觉得，没有男人，可以，但是要有一个自己的孩子。”瑞秋眼中闪着美丽的光。

“孩子一定要有爸爸。”瑞秋坚决地说道。

还有很多人都在感情里坚守自己的信仰，却因为特殊情况而无法拥有孩子，这的确让人揪心。

但是我知道，最后，瑞秋一定会拥有常人拥有的一切幸福，甚至，比常人更加幸福，无论以哪种形式。

断臂爱神一次次吻过瑞秋，为她带来一个又一个破碎的甜梦，而她却像野蛮生长的蔷薇，在狂风暴雨中抓住土壤，雨过天晴后开出最鲜艳的颜色。

“生命太短暂了，短暂到去计较这些缺憾得失都是没有意义的，只有静静地感受生命赋予你的一切吧。”

附：与瑞秋的另几段对话

Q：有没有后悔当初没有嫁给“老实人”？

A：在最痛苦的几个时间点会有那么一丝后悔，但是，到目前看，我不后悔。我可能注定就是要见天地，见终生，而后见自己吧。

Q：想告诉女孩子哪些话呢？

A：女孩子还是要多多接触男性，接触不同类型、不同身份、不同年龄的男性，因为和不同的人在一起，你会碰撞出不一样的火花，而这些是生命中不可或缺的。

Q：对自己的前半生有什么后悔的地方吗？

A：我很感谢我的每一段经历，真的，是它们让我真切地感受到我在活着，如果说有什么后悔的地方，那就是在我20~28岁这段时间没有好好地为自己做定位，谋出路，那时候我恋爱大于天。如果那时能早点奋斗，现在会更好。

七个单身男孩

——男孩们的内心世界应该被了解。知己知彼，百战不殆。

单身女孩的目标即是单身男孩，有时候，我们需要更多地了解他们。

下面的故事，希望能为你打开一扇窗。

务实的小老板，“工作为首，恋爱可以迟到”。

梁子33岁了，他出生在辽宁一个靠海的边远小镇。2008年，大专毕业的他独自一人来到了北京。他吃苦耐劳，还有一个灵活的头脑，因此做过不同的小生意。现在他和别人合开了一个小服装加工厂，因业务需求，经常往返于北京、深圳及大连。由于一直处于不安定的状态，梁子始终没有买房，但是近几年，他在深圳投资了一套房子。

初到北京时，梁子的生活很艰难。最难的时候，他连一顿像样的饭都吃不起，每天仅靠两元钱的饼充饥。那些年，他跌跌撞撞，只能靠着自己一拳一脚地摸索生路。直到 26 岁那年，生活稍有好转，梁子也终于开始了一段恋情。

然而这段恋情并没有给梁子的生活带来喜悦，或者说动力。他们总是因为一些鸡零狗碎的小事吵翻脸。两年的相处时光，梁子心中仅存的记忆，除了吵架，还是吵架。

这段恋情让他很受伤。多年来，他始终没有开展过新的恋情。他的朋友有时会逗他，说他是个“受伤的老男人”。

对于那段恋情，梁子自己总结说：“男人没钱还没闲，根本就没资格谈恋爱。”梁子自认为是一个有责任心的男人。

随着年龄逐渐增大，痛苦的梁子也释然了——既然现在依然不能安定下来，那么就独自承担这份动荡吧。独身，却也乐在其中。

梁子也没有因为老家的同龄人已经有了二胎就陷入焦灼，他反而觉得独身让他更有精力专注于事业。

梁子拒绝相亲，他相信靠缘分碰到的才是可以发展的。他的择偶目标清晰明确——事业成功、经济独立的女人，或是工作稳定清闲、可以照顾家的女人。梁子可以接受比自己大一些的女性，但他不能接受小他太多的女孩。他觉得小女孩那种“时刻都在恋爱”的状态让他难以接受。

“我现在的年龄……谈恋爱就得结婚。在缘分没有到来之前，我想先把事业做得更满意，毕竟，你要给人家一个安稳的生活嘛。”

现在，梁子的工作更忙了，他每天只睡五六个小时，有时候还会在半夜处理海外的订单。他的事业不断扩大，收入稳步增长。他的休闲方式就是和朋友聚会，或者来一场旅行。

顶级学霸的世界，风淡云清，渊博如海……从未拥有过恋情的大男孩，又有谁能读懂？

席谅今年 31 岁，先后毕业于国内、国外的顶级学府，专攻数学。毕业后，他一直在金融领域工作。席谅出生在北京，他的父母均在国家机关工作。

席谅的外形给人以轻松、亲切的感觉，他长得比较周正，甚至带着一点帅气。

就是这样一个单从硬件条件来看接近满分的男孩，在他人生的 31 年中，却从未拥有过任何恋情。

他对自己与异性交往的历程总结得很简单：大学期间，他暗恋过一个女孩，由于年轻无知，当时表现出一种莽和㞞的状态，所以没追上；同时，恰好也有一个女孩向他表达好感，他左右为难，没有给女孩一个明确的答复，最后不了了之。在纽约读研究生时期，席谅遇到了另一个女孩，但是两人的毕业去向不同，席谅要先去华盛顿工作一段时间，而女孩会直接去深圳一带。席谅知道自己回国后大概率不会去深圳，因此，二人没有开展恋情。

工作以后，席谅与异性再没有过交集。“我们的工作基本就算是在海外市场投资股票债券之类，比起接触人，接触的信息会更多。”

席谅并没有过持续失落孤单的时候，这可能与他一直和父母居住在一起有关。席谅的同性朋友也很多，周末他经常在家做饭请客。那些同性朋友也基本都是处于单身或女友在异地的状态，席谅心里也清楚，现在他们能常聚在一起只是因为大家生活状态比较接近。

“所以一方面告诉自己一期一会，难能一面，是当珍惜。另一方面会觉得最后还得有一段属于自己的稳定的关系。”席谅说。

和我们平时所谓的对优质30+男性的刻板印象即他们喜欢20+的年轻女孩不同的是，席谅更喜欢成熟一些的女性，他觉得这会让两个人的相处更轻松。甚至，他觉得年龄大他几岁的各方面都很优秀的女性如果选择了他，那是一种荣幸和运气。“人又不是跟数字过日子。”

“其实想想看，我开窍还挺晚的。在上大学之前，一个长辈敲打我说，只顾攀登莫问高。现在我越发觉得，现在怎么样，的确不代表未来会怎么样，大家都在路上，方向差不多一致就可以尝试着往前走呗。”31 岁的席谅这样说，现在，他会定期去相亲。

在北京茫茫人海的相亲市场上遇到一个合适的人，真的很难，对于席谅来说，仿佛更难。

倍感孤独的小男孩，挣扎于现实和理想之间，仍在燃烧着激情和浪漫。

王健刚刚过完 24 岁生日。2018 年，天津 985 本科毕业的他和同届的女友合租在学校附近准备考研。半年后，女友被上海某 985 大学录取，而王健落榜了。女友希望王健到上海工作，可王健觉得上海离家太远了，并且王健的父母也希望儿子能去北京。最终，王健在北京找到了一份还不错的工作，并于 2019 年 9 月正式入职。公司是民企，和王健的专业对口，到手工资也较高。

入职不久后，王健和女友的三年恋爱长跑结束了。王健说，分手的主要原因就是地域问题，她是湖南人，他是东北人。女友要读三年的研究生，他们都知道，三年的异地恋无法承受。“放下这段感情其实对我打击很大，这几年我已经习惯有人陪了……分手唯一的好处就是感觉世界好像宽广了。”

北京的生活让王健体会到了不同维度的感受。

刚到公司工作的时候，一种压迫感让王健有些恐慌。过了一段时间，王健慢慢被同化了。“为了生存，每天必须像打了鸡血一样。”大学期间，王健曾在一家国企实习过一段时间，相比那种整天提不起兴致的状态，王健更喜欢现在的工作环境。“在这里会让你快速地提高个人能力。”

王健也很幸运地遇到一位好领导，跟着他，王健学会了很多东西，也见识了很多牛人。领导四十多岁，依然保持着良好的身材。“优秀的人总是能很好地管理自己，”王健崇拜地说，“希望我以后也能像他一样”。

但是民企也有让人担忧的地方，赶上疫情，公司在海外的项目境遇非常不好，或将面临巨大亏损，甚至没有人能保证公司一定不会倒闭。王健随时准备考研，给自己留一条后路。

来到北京以后，王健经常会感受到孤独，有时，孤独让他异常煎熬。他曾两次于凌晨三点在长安街上骑车，一边吹着风，一边泪流满面。为了缓解孤寂，王健选择用大学时候就常玩的“万智牌”（一种智力型桌游）来宣泄压抑。通过玩牌，王健在北京结识了一些牌友，也交了几个朋友。

有了朋友，有了聚会，可是王健依然觉得空空的。从外面的喧嚣世界回到家里，王健讨厌这种落差感……那么招呼几个朋友来家里做客？可朋友离去后，看着屋内一片杯盘狼藉，王健又是一阵虚无……

“我是一个需要和身边的人换取温度的人。”

王健非常向往婚姻，因为婚姻中的两个人能够互相陪伴，互相支持。如果可以，他甚至想现在就步入婚姻。或者，先同居一段时间，检验一下双方的默契度。王健对于培养下一代的态度也很乐观，他会把时间留给孩子。

王健更能接受比自己大一些的女性，大他 16 岁是上限。“很小很幼稚的女孩不会接受。很庸俗的女孩，只喜欢能抓得到的东西的女孩，或者经常刷抖音的女孩，一定 PASS 掉。”王健表示，“我们在精神上一定要相互理解。我希望被包容，被呵护。”

前段时间王健买了一套调酒工具，在网上学会了很多种调酒方法，和外面卖的不差什么，还能省钱。孤单的时候，王健在家喝点酒，达到微醺的状态后，看看王家卫的电影。

被家族左右的富二代，寂寞让他备受煎熬，戏称自己“纠结又双标”。

阿伟今年 31 岁，17 岁那年，他从老家来到北京投奔父亲，读了一个普通本科后就开始给父亲打工。阿伟的家族事业以影视、商业为主。早年间，阿伟的父亲给某明星做经纪人，并因此起家。后来，明星声誉出了些问题，阿伟家族的生意也受到了影响。近几年来，影视行业也不太景气。阿伟家族的事业越发有些下滑。

二十几岁的时候，阿伟有过一段纯真的恋情。女孩温柔美丽，对阿伟非常体贴。当他和女孩准备结婚的时候，遭到了家族强势的阻拦——女孩出身普通，学历一般，格局和能力也远远不是阿伟父亲想要的。阿伟最终选择与家族和解。

多年以后，提到这件事，阿伟还是伤心不已。多年来，他身边一直不乏各色女性，但是阿伟心底还是忘不了那个普通女孩。“我痛苦是因为我对婚姻的理解有偏差，婚姻最终是家族的结合。”阿伟说。

这些年，阿伟一直奔波着，每天都是后半夜两三点钟睡觉。招待客户，迎来送往，寻找机会……每件事都要亲力亲为。阿伟经常说自己老了，觉也少了……31岁就老了吗？北京仿佛在压缩着每一个人的青春。

阿伟的生活中心一直都是工作，“包括我谈恋爱的时候，也一样。”只不过，现在的阿伟下班以后，时常会感到很空虚。而这种空虚随着时间的推移越发让他不安。有时候，阿伟选择刻意加班，或者和朋友待在一起，故意拖得晚一些再回家。

“我这个年龄挺尴尬的……”三十出头，孤独，却又有生理需求，这的确让阿伟觉得很难。相比一些“备胎”无数的同龄人，阿伟最终选择守住底线。如果一个人不能规范自己，那他找到的人也不会是他想要的那种人。阿伟是这样认为的。

那么阿伟想要的人是什么样的？

父母选中的，家族同样强大的女孩？——“只是门当户对，但是我不欣赏对方，我很确定，婚后我会出轨。”

能够理解对方，懂得共情的女孩？——“可遇不可求，我碰到的都已经结婚了。”

年轻可爱，纯情的女孩？——“年轻当然更好，但幼稚黏人的女生不行。我希望对方的精神世界强大一些，独立一些，不要那么依赖我。”

独立强大，各个方面都更胜一筹的女孩？——“求之不得，我希望她的经济和个人能力最好都高一些。”

“但是，我还是希望另一半可以把家里的一切都照顾好。我觉得男人在家里的作用是，关键时刻冲上去。”

“我是既有一些大男子主义，又希望对方很独立，其实我自己挺别扭的。”阿伟直言不讳地说。

阿伟同时还表示，自己虽为富二代，但并不喜欢雪中送炭，锦上添花或许还可以。

“把欲望化作动力，而不是把欲望加在对方身上……我希望女性的想法一定是不依靠任何人，能依靠的只有自己。”

至于最晚什么时候结婚，阿伟表示宁缺毋滥，绝不将就，哪怕承受再多的寂寞。

“从小我父母感情不太好，父亲在北京创业，母亲一个人带我。我缺失了人生中最重要的一些东西，所以婚姻在我心里变得更加重要。我不希望我的孩子经历像我一样的成长，所以我一定要等到对的人的到来。”

一个心碎的摄影师，一段苦涩的经历……“世界那么大，我想去看看。”

鹏鹏今年 35 岁。从小他便展露出绘画天赋，后来他在青岛读了一个艺术专科学校，并自学摄影。

毕业后，鹏鹏便来到北京开始做摄影师。起初，他在一家较有名气的影棚里打工。从助理做起，直到最后成为影棚的金牌摄影师。多年以后，他有了自己的摄影工作室。

鹏鹏年轻时很帅气迷人，追求他的女孩络绎不绝。即便是今天，人到中年，历经沧桑与磨砺，他的轮廓依旧让人驻足。

不仅是女孩，大量的女人，甚至……男人，都曾向他投以爱慕。

可鹏鹏的经历异常单纯，单纯到让人难以置信。他至今都像一个没长大的男孩。

打大学起，鹏鹏便开始恋爱。因为父母都是知识分子，家境和教养让鹏鹏在和女性交往时表现得温柔、绅士。他从来都是请客拿钱的那一方，无论是吃饭，出去玩，甚至后面的租房。他从没让女孩花过钱。

鹏鹏选女朋友的标准就是，年轻漂亮就行，其他一概不管。在北京，他遇到的第一个女朋友是一位小他六岁的化妆师。两人共同居住了5年。鹏鹏的收入定期上交女孩管理。女孩虽年轻，但是家境贫寒，父母没有退休金，因此很会过日子。这些年，他们攒下了几十万元。

鹏鹏希望父母给自己在北京买一套房子，写他和女孩两个人的名字。鹏鹏的母亲坚决反对。这件事一直僵持到过春节回家，鹏鹏的母亲给了女孩5000元压岁钱。

过完年回到北京，女孩便和鹏鹏提出了分手，并携带二人攒下的钱离开了。分手的理由是：压岁钱给得太少了。

之后，鹏鹏又陆续交往了两个女朋友。还是同样的标准，年轻漂亮，鹏鹏依旧承担两个人的生活费。没过多久，女孩发觉鹏鹏赚得不多，甚至还要倚靠家里，最终选择了离开他。

再之后，鹏鹏的状态十分消沉，回顾这几年的北京生活，他觉得自己好像竹篮打水。父母终于决定，给鹏鹏在东四环全款买了一套小两居。

那些年，鹏鹏也错过了几个优秀的同龄女性，她们对鹏鹏的印象都不错，而鹏鹏一心只想找一个漂亮的小女友。鹏鹏任性执着，即便事与愿违，他也绝不降低自己所谓的“标准”。

最近，鹏鹏在和一位离婚的女性约会。女友大他几岁，还有一个孩子，但他们很合得来。两个人时常去旅游，他们在一起的时光温馨又快乐。

“两个人在一起感觉舒服自在，这个最重要，其他不重要了。”

对于鹏鹏在北京这些年收获了什么，他说：“精神的痛苦换来了成长，痛并快乐着。”

金融圈里的 IT 男，精打细算吃苦耐劳，“识时务者乃俊杰”。

锋锋今年 30 岁，985 本科毕业后他又读了个海外名校，并且是直博。所以他也才工作两年。回国后，他直接入职了某地位显赫的银行的总行。

因为出身名校，又是博士，锋锋刚工作就拿到了高薪。尽管如此，他还是选择租住在离单位行程近一小时的五环外。因为是合租，所以租金只有2000元。说起来让我们这些低薪的人无地自容，锋锋的日常开销小到不可思议——除了早餐自己下碗面条，午餐和晚餐均在单位吃；日常交通工具就是地铁和共享单车。其实锋锋并非家境贫寒，他的父母均为当地的公务员。至于锋锋为何要如此节省，也许是想尽快积攒更多的钱。

锋锋在工作中也是极其努力的。他主要负责银行的相关数据处理。尽管有时他也会迷茫，“让我一个博士来干这个？”但是锋锋的学识、个人能力以及工作态度决定了他未来很大概率会一路畅通。

至于感情方面，锋锋在读书的时候交往过几个女朋友，也许是因为未来要去的地方不同，也都没有了结果。

到北京以后，锋锋开始热情地参加相亲。也许是觉得自己已经到了谈婚论嫁的年龄。他先后相亲了两个女孩。一个是中学老师，另一个是科研单位的研究员。女孩们和锋锋都是同龄人。在交往过程中，两个女孩对锋锋的不满之处居然一样——高薪的锋锋居然可以如此节省地生活，甚至不能租一个独立的房屋。锋锋同样理解不了女孩的不满，年轻吃几年苦又有什么不可以？

锋锋选择合租的确让他面临一个尴尬的境地——和他同层次的女性几乎都会租住一间独立的房屋，甚至是直接购房。但对此，锋锋并不在意，他觉得如果两个人对未来的规划不同，也没有相处的必要。

接着，锋锋又遇到一些相亲对象，他越发觉得，同龄的女性更在意物质条件的对等。

锋锋想到比自己大一些的，经济状况更好的女性可能会更适合他。

近期，锋锋通过朋友介绍遇到了一位在读大学生。这虽然和他先前的预估不太一样，但是锋锋挺满意的。女孩是京二代，家里有两套房子，父亲是国家机关的领导。这种家境的女孩或许不会嫌弃锋锋每月2000的合租？锋锋向女孩展开了热烈的追求。女孩对他的感觉也尚可，但始终没有给他一个确定的答复。毕竟女孩还没毕业。

这让锋锋很是着急。锋锋渴望走入婚姻，他觉得两个人如果相处得不错，就应该尽快确定关系。

已经步入30岁的锋锋最近越发苦恼了。

是等待这位小女孩，还是重新开启相亲之路？

才华出众的作曲家，不食人间烟火，“把自己的一生活成一场艺术”。

晨旭今年 29 岁，是一位优秀的青年作曲家和钢琴演奏家。他是科班出身，少年时便展露出过人才华，17 岁就拿下了人生第一个金钟奖。中央音乐学院硕士毕业后，他作曲，教学，活跃于世界各地。最近，他还多了一个头衔——两所大学的特聘讲师。

晨旭到北京已有十余个年头。他独自租住在三里屯附近。虽然事业繁忙，但晨旭总是尽可能地把生活过得诗意浪漫。他总说，他见过星辰大海，因此他更能理解形形色色的人生百态。

艺术家通常拥有着更为丰沛的情感，晨旭算是最丰沛的那个。他经常跟他的朋友讲，他是见过美丽风景的男人。

到现在为止，晨旭的生命中有四段刻骨铭心的恋情。

第一段发生在研究生即将毕业的时候。晨旭和女孩在一次录音中邂逅。两个人一见钟情，遂开启了一段美好的时光，直到女孩的男朋友从英国回来……在那之前，女孩从未告诉过晨旭事情的真相。而最让晨旭无法接受的则是——“她说即使以后她会选择跟那个男生结婚，她依然觉得她是我的……”

“爱情和婚姻一定要分割开吗？……如果二者能融合在一起，那该有多好……”对于这段恋情，晨旭始终难以释怀。

第二段发生在上海。女孩是自由广告设计师，比晨旭大两岁。“在那之前我从未见过任何一个女人可以这般……美得不可方物。”为了这位女孩，原本去上海短期工作的晨旭想尝试着未来就留在这里。可是女孩对两个人的爱情模糊不定，也许，她只想摄取晨旭身上的艺术气息。渐渐地，晨旭发觉，这种恋爱状态终究还是无法驾驭。

第三段又回到了北京。这段恋情十分短暂，女孩是他的学妹，善良、可爱又大气，长得很漂亮。女孩对晨旭很崇拜，因此对他百般呵护，时常主动照顾他的生活。可晨旭总觉得这种感情更像是一种亲情，这不是他想要的。

“即便结了婚，我跟她之间也只能有爱情，请不要把亲情的东西带给我，温暖温存在我这儿不存在的，在我这儿只能有浪漫。”

“我如果没有办法把我的浪漫放在我的夫人身上，我会觉得我白活了。”

没有了浪漫的感情，甚至会影响到晨旭的创作灵感。晨旭果断地结束了这段恋情。

第四段是维持时间最长的一段，也是让晨旭最痛的一段。女孩是学琵琶的，毕业后改行做了演员，她还是小有名气的网红和模特。用晨旭的话说就是，“我觉得女性所有的美在她身上都有。”晨旭相信他们二人是奔着结婚去的。

曾有一段时间，女孩因为亲人病故，拍戏又伤了身体，索性停止了工作。当每天宅在家里的她看着晨旭出去工作，她就会伤心地痛哭。于是，晨旭开始了为爱最疯狂的行动——陪她在家里待了整整三个月，不工作，不出门。那段时间，晨旭用自己曾经攒下的钱维持二人的生活。

至于最后为什么会分手，晨旭只说了一句话：“我们之间真的很‘合得来’，但是我们的合得来，撑不起她的未来，更撑不起她的梦想。”

“她会把我当成一个真正爱过的人，只不过爱情败给了现实而已。”

对于这段痛心的爱，晨旭觉得自己虽败犹荣。

其实，晨旭的身边也有很多朋友，通过婚姻得到了他们想要的东西。男女双方可以没有任何感情基础，甚至连朋友都没做过，一上来就谈爱情。晨旭也有很多这样的机会，但是他说，他是搞作曲的，生命当中若是有那么一点不纯净，他的音乐就会表现出来的。你是什么样的人，写出的音乐就是什么样的，晨旭始终坚持这一点。

见过星辰大海的晨旭，经常也会因为单身而感到孤寂。有时候，他会选择用购物来缓解这些，去买一些大牌衣物，或者挑选一些玉石或古董。“虽然有时没有足够的钱，我也会想去买一件奢侈品。因为它对我来说，更像是艺术品。”

“奢侈品之所以是奢侈品，是因为它当中具有艺术价值和艺术判断，是有完整的艺术性在里面的。”晨旭说。

每一天，晨旭继续着他的创作，参加比赛，举办音乐会，教学，编写音乐剧……他依然谱写着美丽的艺术人生。

“就像我去新西兰的时候，那个寄宿家庭里的男主人跟我讲，‘晨旭，不要着急，那表示她还没来……’”

浴　火

房子和她们

——当我走在这里的每一条街道，我似乎听到它烛骨般的心跳。

我身边有五个女孩，房子牵动着她们的悲欢离合，看看她们与“房子”的故事吧。

No. 1

蓉目前 28 岁，前段时间因为买房的事，和相处了快四年的男朋友分手了。他们俩是同学，同岁，都是本硕连读。此前，他们各自都有过无疾而终的恋情。到了研二的时候，两人才互相认识。

转眼间就毕业了，两个人都在国企找到了工作，蓉在大兴附近，而他在海淀那边。两个人都暂时在单位附近租房。

他们在不断相处中逐渐认定了彼此。蓉是典型的东北大妞儿，他则是含蓄的广西男孩。很有缘分的是，他们的父母都是当地的公务员，但相比之下，蓉的家境更殷实一些。

所谓两个人的合适，就是兴趣相投、性格互补，甚至门当户对，等等。当然，双方的世界中也都没出现更合适的人选。

他们一个月顶多能见上两三次。好在男孩还是蛮谦让她的，约会的时间、地点几乎都听蓉的，有时候还会隔空给她寄一大包零食。他们就这样谈了三年多的恋爱，平凡普通，却也温暖了时光。

蓉觉得挺幸福的，也很满足。虽然男孩无法为自己支付奢华的东西，但有这份爱护与陪伴为桨，两个人的学历和能力为帆，未来的日子一定会慢慢富足起来的。蓉很期盼着那一天的到来。

一切都如期而至。与此同时，买房也提上了日程。

毕业就高薪的他们，外人看起来还蛮羡慕的，可是以他们目前的收入，除去房租水电，不吃不喝，没有十年八年都交不上首付。

好在双方父母都愿意倾囊相助。毕竟，在北京的孩子们都是父母乃至家族的骄傲。

那几天深夜，蓉一直在想一个问题，父母节俭了一辈子攒出的钱，就这样一分不剩地花到了自己身上。而自己，在背上

PICC

BEIJI
共享单车入

结算停放区

几十年的房贷的同时，可以略有底气地享受着北京的繁华与时尚，享受着中国的各种优质资源。可父母还剩下什么了？一套东北省会城市的房子和退休金吗？父母一辈子都享受不到她能享受的东西。

蓉的心里有些负罪感。

她想他的心里也一定不好受。

可是不这样，又能怎样呢？蓉不知道。

也就是这个时候，蓉发现自己怀孕了。她开始时不敢相信，28 岁的他们根本没有能力抚养一个孩子，尤其在北京这种地方。

再后来，蓉一个人去做的流产手术，因为他那几天正好在外地出差。

这次意外，蓉难过的情绪好似发酵一样。躺在床上休养的时候，她的大脑一直思索着……28 岁，是一个什么样的年龄？青春马上就要逝去了。人们常说，有失必有得。可自己又得到了什么？什么都没有——没有房子，没有存款，连车号也遥遥无期……

蓉忽然想到，如果毕业以后回了老家，既有宽敞明亮的屋子，又有一辆可心的小车，怀孕了就可以要宝宝，甚至每天都被父母和老公温暖的爱包围着……

总之，回了老家，绝对不会体会到今天这般，一个人去做流产，一个人面对生理心理的双重创伤。

再过了一段时间，他们二人准备选房子了。然而，事情的进展出乎我们的预料。

蓉收到男友的通知，周末一起去看房子。这是蓉第一次在北京看房子。

男友说，先到西单集合，吃个烤鱼，再一起去看房。

蓉带着些许的激动，穿越半个北京城，耗时近1.5个钟头，终于在西单和男友会面了。

一边吃着饭，男友一边喋喋不休地念叨……

“这个房子相当不错了，这种户型马上售罄了。”

“房子离地铁站很近，交通也很便利。”

“我们就定下它吧，错过了就真的难遇了。”

饭后，男友叫了一辆滴滴，他们急切地前去看房。

蓉看遍了整个房间，屋内空间、采光都还不错。

就是不知道从这里到她的单位要多久。

蓉掏出手机，用高德地图查了一下，这里距她的工作地乘地铁近两个小时。

“这也太远了吧。”蓉嘀咕着。

蓉还站在那里计算着路程，她的耳边传来了男孩吞吞吐吐的声音。蓉定神一听，原来，他和自家父母已经敲定这间房子了，他们已经单方面和中介签了购房协议，办理了首付手续，现在，只差付款了。

“什么?!”

整个过程，竟没和蓉透露半点风声。

男孩不停地解释着，说什么那段时间怕打扰到蓉的术后恢复，又怕晚了一步就会错过这么好的户型。

蓉再次打开高德地图，房子距离男孩的工作地，地铁只需20分钟。

突如其来的暴击，打得蓉措手不及。那一瞬间，所有的梦都破碎了。

其实蓉的收入一开始就略超男友，蓉在那个单位有很大的上升空间，五年到七年之间，蓉是绝大概率不会跳槽的，这一点男友心里应该清楚。

蓉心底还有一个疑惑，怎么就那么巧，流产手术时间刚定下来，他就被安排出差了？现在，这个疑惑已经得到了证实，因为他的品性在这次买房中一展无余。

后来，她平静了，任由男方再怎么解释，蓉铁了心，分手。

人性总是禁不起考验。

28 岁的蓉陷入了未知的等待。

No. 2

五年前，瑶瑶从西安考进北京，进入顶级学府读研究生。在那里，她认识了她的学长。那时，学长正在读博，他们读同一个专业，算是同门。

学长从见到瑶瑶的第一面起，就开始铆足劲地追求她。

他是一枚超级学霸，高考以全校第一的成绩考入顶级学府。一路保研读博，求学的道路可谓顺风顺水。也许是因为身材矮小，又有些其貌不扬，学长一直没找到女朋友。见到了瑶瑶，学长把多年的渴望都倾注到了瑶瑶身上。

学长对瑶瑶好到无可挑剔，他帮助瑶瑶做课题，写论文……瑶瑶的父母工资微薄，瑶瑶自己又没有收入，学长总是找机会让瑶瑶帮他做工作进而给她一些补贴。

瑶瑶在犹豫的边缘徘徊，可能是无法接受学长“抱歉”的外形吧，但是这期间，瑶瑶也并没有接受家乡一个有房有车的公务员（大学同学）的追求。

慢慢地，瑶瑶渐渐觉得，外表并不那么重要了，重要的是他的心。学长多次说，要买房子，房产证还要写上她的名字。瑶瑶和她的家人都很高兴，家人们极力劝导瑶瑶，这样的人，才能托付终身。

后来，学长工作了，他租了套房子。没过多久，瑶瑶也毕业了。学长帮她找到了工作，她也搬进了学长的出租屋，学长说不用她分担房租。

前不久，听说男孩的父母借款200万，首付了一套破旧的小房子，但是并没有写瑶瑶的名字。

同时，男孩父母还要求，用他们二人的工资，陆续还回这200万。

瑶瑶觉得被欺骗了，甚至被克扣了。

男孩买房写两个人的名字这种天上掉馅饼的事不仅不存在，瑶瑶还要为一个不属于自己的房子还贷款，变相地承担自己产生的房租水电生活费。

好在学长的工作蒸蒸日上，对瑶瑶始终爱护如初。

现在瑶瑶和学长仍然住在一起，但是瑶瑶的心境和从前大不相同了。

有时候，她觉得自己像一粒渺小的沙砾，落在北京的某个角落。

瑶瑶还有别的选择吗？

No. 3

娇娇三十有余。大学就在北京念书的她，来北京可有年头了。

娇娇的父母在老家做点小买卖，在当地还算宽裕。

2010年，二本毕业的她找到了一份国企工作，父母给她在单位附近（东二环）全额买了一处小双室，有点老旧，但位置绝佳。

从她的家到单位，地铁三站直达，算上步行的时间，最多也就半小时。娇娇从未披星戴月地跑过通勤，也没尝过被黑中介和房东欺负的滋味。

娇娇很难理解身边同事拼命工作的状态，他们的生命中好像只有工作。娇娇觉得他们都太现实了，不免有些俗气。

娇娇热爱美食和旅游，她的花销甚至超出了她所能承担的范围。一年到头，她自己挣得的钱所剩无几，还时常需要父母补贴。

其实，父母给她买房子就已经是下了血本，剩下的家底真的不足以让她完全不用考虑后果地花钱。

娇娇还几度想辞去工作，但是她并不具备独自创业的能力。

几年前，娇娇错失过一个优秀的相亲对象，家人和朋友们至今都为她感到惋惜。

男孩子才学广博，985 院校毕业，家里条件也不错，认识娇娇的时候刚刚落脚北京。男孩的父母有能力帮男孩首付。但是娇娇当时觉得，要找就找个能全额买房的。“你还要还几十年的房贷，我可不愿意跟一个这么辛苦的人一起过生活。”

直到今天，娇娇依然没有降低婚恋标准，这也导致了她始终单身。

因为不用早起赶车，打游戏、刷剧到深夜对娇娇来说是平常事。她经常在下半夜更新微信和微博，而手头的工作却是一拖再拖。

她说，只要不裁掉她，她就继续干着呗，哪天真要是被裁了，那正好不干了。

其实娇娇和同事的关系也十分紧张。

娇娇的父母对娇娇的现状很着急，他们甚至有点后悔，毕竟买房子的初衷是想让女儿不输在起跑线，结果适得其反，娇娇躺在了起跑线上，任由惰性指挥她的人生。

在房子的庇护下，娇娇失去了这个城市大多数人对生活和工作的敬畏。

或许，也失去了苦尽甘来的那种幸福感。

房子给了娇娇一个保护囊，但也抽走了她所有曾经拥有的或尚待开发的天分。

所幸这十多年北京房价涨得飞快，大不了当作投资了，转手卖了也是翻了几个番。

No. 4

2016 年，小钰本科毕业后就直接来北京工作了。2019 年年底，她终于荣升为项目经理，工资翻倍。这还要得益于那次“睿智”的换房。

刚工作的时候，小钰为了节省房租，租到了很远的郊区。这边的房租的确比市里面便宜很多。一个单室比单位附近那些合租的小卧室还要便宜至少 2000 元。代价就是每天多跑跑路。

小钰这样想，反正自己年轻，有的是体力折腾。

然而，每天来回的通勤时间加起来接近四个小时，绳索一般地捆住了小钰的手脚。

工作日，小钰早上6:30必须出门，这样才能保证8:30前到公司打卡；晚上通常还会加班，所以到家的时间往往已是九点了。

早出晚归直接导致了小钰三餐不继，饮食紊乱。每天的睡眠时间甚至不到六个小时。

日子就这样一天天地流逝，小钰渐渐发现公司里的同事卧虎藏龙。他们或是精于撰稿，或是擅长口译，有的人还参加过摄影大赛……

一届又一届的新人入职，小钰感受到了巨大的压力。

晚上她经常辗转反侧，琢磨着自己可以在哪方面有所突破：大学时考过四级，还算有点英语基础。如果现在每天都能坚持学一个小时，那么一年以后可能会效果显著：想着想着，小钰就昏昏入睡了。

那段时间小钰犹豫、彷徨，也尝试着在回家后背背单词。但是一天的坐班加跑路早已头脑昏沉，背不上几个单词她就要崩溃了。

而压倒骆驼的最后一根稻草还是那次出差回来。

在深圳出差了一个月，坐了快四个小时的飞机落地后，小钰拖着沉重的箱子，想着上百的打车费，最后还是咬咬牙坐地铁了。两个小时后，小钰回到家里痛哭了一场。

“不就是为了多省些钱吗？”

可是，这两年，每月省下的2000元房租并没有给她的生活和工作带来一丝好转。

“还是到单位附近去住吧。这样下去，工作干不了，身体也坏了。”

小钰终于下定决心，搬到单位附近和别人合租。从她的新住处到公司步行10分钟左右。

搬家后的小钰每天可以睡到自然醒；中午回家给自己做一顿简单的午饭，既省钱又健康；晚上她可以随心地加班。

小钰的精气神足了，人也变漂亮了。每天带着饱满的状态走入公司。

时间充裕后的小钰报名参加了一个商务英语课程，每天晚上，用1~2个小时的时间背单词和练习口语。

在这样的学习强度之下，小钰的英语水平蒸蒸日上。

不久，小钰升职了。

小钰很感谢自己的决定，她觉得现在的生活充满着阳光。

她常常告诫刚来北京的打工人，一定要住在单位附近！一定要住在单位附近！

“我现在特别爱学英语，我还准备继续深造，考一个专八！”小钰自豪地说。

No. 5

颖儿最近刚首付了一套房子，是个南五环的小户型。这个房子给颖儿带来很大负担，首付是东拼西凑的，房贷更是让她月月都入不敷出。

颖儿为什么要执意买这个房子呢？可能大部分人都会觉得她没必要如此。

颖儿今年 29 岁，她是一个很漂亮，很有魅力的女孩。

24 岁的时候，颖儿来到了北京。她没有户口，家境也不算富裕。但是她有一份很好的工作。那时也正值她最佳的适婚年龄，颖儿的目标很明确，找到一个有房子的男性，步入婚姻。

起初，颖儿把目光放在了那些离婚的，年长的，但是有一定经济基础的男性身上。她大概消耗了三年多的时间和这些人接触，并和其中的几个谈过感情。但是最终，颖儿发现，她想要的东西——婚姻，承诺，甚至一个稳定的居所，在这些人身上，都难以获得。

“那些岁数大的离婚男看起来条件不错，实际上根本不靠谱。他们虽然是单身，但是绝大程度上不会娶你，更不会留你常住。他们也不会因为自己年龄大，离过婚，有过孩子，就珍视你。多数时候，他们轻视你。”颖儿说道……

27 岁的颖儿把目光转向了同龄的年轻男孩。当时，27 岁的她已经在工作上小有成就。她遇到了一个同样优秀的男孩，或者说，男孩在各个方面还要优于她。男孩家境殷实，有实力在北京独自买房，男孩的薪酬也很高。

他们算是“周末夫妻”，每周定期一聚。很多时候，颖儿在后半夜两点左右返回自己的住所，原因是男孩睡眠不好。

有一阵子，男孩多次告诉颖儿，“××区域有小户型，数量不多，价格合理，你得尽快下手了。”

颖儿知道，男孩这是在试探自己的家底。

男孩家里也准备给男孩买房了，预计一千万左右，当然，房子上不会有颖儿的名字。

颖儿心里当然不舒服，但是她想，“就算房子没有我的名字，那么我们以后共同生活，我还是可以住在那里的。”

不久，男孩成功地购买了房子。但随之而来的，是男孩和其他女孩有了暧昧关系。起初，颖儿的态度歇斯底里，男孩道歉了，表示不会再这样了。

后来，男孩还是接二连三地出轨，甚至明目张胆，毫无避讳。

颖儿知道了，自己在他心目中的分量——倘若是男孩真的在意她，即使有了什么外遇，也会小心隐藏起来。

“分手吗？”颖儿挣扎着。

“万一下一个还是这样的呢？或者还不如这个？”

对于自己能否找到比这个综合条件还好的对象，颖儿没有了信心。

又想到了前几年自己独自去医院看病、挂水，甚至做手术……

“至少生病时他能陪我去医院，平时偶尔照顾照顾我。”颖儿对自己说。

颖儿最终没能提出分手。她选择了忍辱负重，抑或是视而不见。

“他说我是一个适合结婚的人。”颖儿带着最后一丝信念，这样说道。

但是颖儿心底知道，结婚与否，一切掌握在对方手里，或许有那么一天，更或许，那一天遥遥无期。

与其继续这样等待，将自己的命运交付别人的手中，不如倾尽所有，获得一套属于自己的小房子。

还房贷的颖儿打着多份工，常常无助到泪流满面，但她仍然坚强地生活着。

漂亮可人的颖儿，或许在工作上得到了更多的青睐，但是，在婚姻方面，她没有因为美貌而比普通人更幸运。而这在北京这种地方是很正常的。

以上就是发生在我身边的，她们关于房子的种种……

关于买房的一些思考：

买房这件事，一般而言，脱离不了父母甚至家族的参与。

父母能帮上首付的人，想象着随之而来的几十年还贷的压迫和父母一无所有的晚年生活，拷问自己，这一切值不值得？

父母不能帮上首付的人，靠着自己瘦弱肩膀，何时能获得安宁？

父母很有远见，早就在北京下了赌注的人，他们的父母是最成功的投资人，但他们在这里真的获得了幸福和快乐吗？

那天晚上，我看着这个喧嚣的城市，我问自己，我要背负三十年的债就为了在这里拥有一个属于自己的房子？那么除了这个不太起眼的房子是我的，我的人生还剩下什么了？三十年，人生最美好的三十年……

曾经有一位心理医生对我说过，“其实对于绝大多数人来说，在北京所有的压力都来源于买房，那么为何不转变一下思维，一辈子不买房子了？”

……

十几年前，一批“幸运”的“80后”节衣缩食，负债累累，假结婚，假离婚……他们的人生目标只有一个——买房。因为那时，他们踮踮脚，跳一跳，还能够得着。

现如今，一群号称见证祖国繁荣强大的“90后”“95后”，望着木已成舟的局面，心中泛不起丝毫波澜，因为，我们面临的是无力改变的一切。

尽管如此，我还是相信，房子不能成为让我们痛苦的根源。

我们自己的选择，以及对自己的选择是否坚定不移，才是真正能够左右我们心境的东西。

房子，你觉得它是什么，它就是什么，你觉得它不算什么，它就什么都不算。

每个人都有各自不同的人生和境遇，而攀比是最无意义的。

网红梦与大拇指运动

——那些在网红经济中赚得盆满钵满的人终究是凤毛麟角，而其他人，更多的人，则是在耗尽能量之后一无所获。即便如此，或许，“网红梦”仍然闪烁在每个人的脑海中。

大学期间，朋友邀请我到北京参加一个T台模特公司举办的年会，在那儿，我认识了佳佳。

佳佳一米六八的个子，身材火辣，标致的五官和走秀般的步伐让人过目不忘。她是这家公司的业务经理，经常带着模特们到处拍片。每次外出，模特们的衣食住行都由佳佳来负责。

“你平时玩抖音吗，有时间在抖音上一起互动啊。”佳佳说。

“抖音？听说过，但是没玩过。”

回学校以后，我下载了抖音。

通过搜索，我进入了佳佳的主页。

我一下子就震惊了，她有 3 万粉丝！她不会就是传说中的“网红”吧？那时候我只知道“网红”很盛行，但我的身边还从未出现过一个“网红”。

我逐一翻看了她的作品，她的靓影遍布北京的五星酒店、潮流商场，还有文艺范的 798……像是一个个小电影，媚而不俗，很有艺术性。还有几个原创的视频，自导自演，惟妙惟肖，点赞量少则数百多到上万。我不禁心生艳羡。

一次碰巧赶上她在直播，我就进入了她的直播间。她坐在那里，如此美丽，笑眯眯的，让人顿觉春风拂面……还没等我反应过来，她已经热情地喊出了我的名字……当时，独自一人坐在宿舍的我居然脸红了……我怎么一下子暴露在大庭广众之下了……真让人有点小激动……这是我第一次看直播，看了半天才找到观众列表，里面的人不多，网络还有点卡，听了半天，好像也不知所云，我便退了出来。

临近毕业那会儿，事情逐渐多起来，我便不再光顾佳佳了。

直到我来北京工作，我又见到了她。

佳佳精致妆容的覆盖下，是疲惫的双眼和憔悴的眼袋。好在她的皮肤还是那么细腻。

“我最近经常出差，睡眠很差，总是后半夜才能睡着，然后早上很早就醒来。”

……

“这件事我有经验，我曾经有一段时间失眠很严重，后来我用一整段时间坚持练瑜伽，很快就好了。你可以试试。”

“我现在几乎没有假期的……除了工作，就是拍抖音，而且最近突然不涨粉了。”

我忽然间发现佳佳脸上的胶原蛋白比从前流失了不少。

“亲爱的，你说我怎么样才能火啊……”

她的眼中闪烁着急切。

我好像觉着，不涨粉比失眠还让佳佳难受。

“你多拍一些独创性的段子会不会好一点？”我说，“我看你那几个自导自演的视频很不错呀。”

“可是我现在的思绪已经枯竭了……我真不知道这些人想看什么。”佳佳无奈地叹道。

“前一段时间我的粉丝量已经破 5 万了，可之后就一动不动了。”

“你都有 5 万粉丝了呀，还不够吗？”我有点好奇，也有些不解。

“至少得10万吧，才能有点价值。现在我这点粉丝在抖音里根本不算什么。”

“像那些几十万，上百万的网红，给别人做一个广告，或者是带货，赚钱很轻松的。”

说着说着，佳佳又给我举了几个素人逆袭成网红即刻走向人生巅峰的例子。

我半信半疑地点着头，她说的那些人我竟然一个都没听说过，难不成我在学校里待得与世隔绝了。

“我建议你也试一试，你唱歌那么好听，人也漂亮，你发点你唱歌的小视频，没准还真能火呢。”佳佳好心地告诉我。

那天晚上，我再次浏览了佳佳的主页。翻看她的作品让人心生愉悦，我又把她的作品从头至尾认真地看了一遍。她现在有三百多个作品了，每一个都是精心制作的良品，美人、美景、美物，充满着浪漫的艺术气息。她在视频中的表演更是有如演员般自如，很有魅力。

我考量着这些作品背后的成本，这里饱含了佳佳大量的心血。

还有一些视频定位在外地，估计她应该是利用了所有可利用的时间，包括出差，走到哪里拍到哪里，实在没人帮忙，就举着自拍杆自己拍。

这些视频的后期制作也不是一件容易事。我不太懂剪辑，无法估量她在这上面花费的工夫。

还有一些比较眼熟的影集，我曾在朋友圈看到过这些照片，都是佳佳在北京各大网红景点的打卡或是出差在外的游客照。我“监视”她的朋友圈很久了，我很喜欢看她的照片。她拍照很有感觉，衣服和首饰的搭配很有个性。她在朋友圈发照片的频率相当高。

现在我有点疑惑，佳佳那些笑容灿烂的照片，那些享受生活的照片，是她真正的状态吗？

脑海中又一次浮现出佳佳憔悴的面容。

佳佳失眠和“想火未遂”的糟糕经历在我的脑海中盘旋了数日。

那时，我没有涉猎过这个领域，因此，我读不懂她不涨粉丝的焦虑，但是我的“大拇指运动”开始了。

请原谅我在这里把刷视频称为“大拇指运动”。

那时，我也正式步入职场了。

大学时，我想快点毕业，我想逃离那些耗费人生命的无聊的必修课。没承想，工作以后，可能就短短的一周吧，我开始担心这辈子剩下的时光要怎样度过——就像每天这样度过吗？

热血青年变成了“社畜”。说不出来什么东西，厚厚地压在身上，推不开，躲不掉，有点让人恐惧。那时正是北京的桑拿天，身体沉沉的，心里空空的。

曾经的斗志是什么，我有点忘了，我只能在既定的轨道中挣扎。

我觉得自己有些颓废，我想到了一些解决途径。

我在“潘多拉”上报了两个英语课程，加起来每天学半个小时，总共要坚持半年时间。但是，很可笑的是，我没有坚持下来。

我安慰自己说：“这些年学习蛮辛苦的，也应该休息休息了。既然白天已是身不由己，晚上那就随心所欲吧。看点有意思的东西，放松一下。”

抖音可以让我放松，抖音上的东西最有意思了。

其实早在佳佳向我推荐抖音这个软件的时候，我就发现它很有意思了。只不过那时候我并没有那么需要它。和同学、舍友在一起的快乐时光，夸夸其谈，无话不说，不存在任何孤独和难言之隐。

如今，这一切显然不复存在了。各奔东西的同学们都纷纷减少了发朋友圈的次数，很多人设置了“三天可见”。不管我们愿不愿意，都不可能像原来那样，随随便便书写自己的情绪。

我开启了“刷抖音”之旅。

抖音逐渐成为我消化情绪的出口，变成了让我忘掉失望的魔法棒，也抚慰了我那颗因为缺少互动而异常孤寂的心灵。

而这一切来得那么轻而易举……

你只需打开它，然后不停地活动大拇指……

我看到了各种搞笑的……新奇的……甚至触动感情的画面，我沉迷于其中不能停止……我就瘫坐着……活动着大拇指，快乐自己就朝我走来了。只要我在看它，我就似乎很快乐，我爱不释手。

可是，当我停下大拇指并放下手机的时候，剩下的却只有酸痛的脖颈，模糊的双眼，蜡黄的面色和空洞洞的心。

我不得不去洗漱或者睡觉了，明天再找时间获取快乐吧。

打我入职算起，“大拇指运动”时常陪伴在我左右。

谁也不曾料到半年以后，也就是2020年春节，暴发了新冠疫情。原本休不了几天假期的我，连着几个月轮班制……演出行业全面冰封。

于是乎，我更是疯狂地将“大拇指运动”进行到底。后来，我的眼睛总是酸痛流泪，心脏也不太舒服。我告诉自己不要再看了，但是我克制不住自己，而且只要我在看它，我就是快乐的……

疫情还在全球蔓延，不少人开始预测未来的经济形势和发展趋势。随着一些具有社会影响力的大V和很多商铺的入驻，人们越来越看好抖音了。这里不仅是休闲、娱乐的场所，更像是一个受上亿人瞩目的绝佳商业平台。好像不抓住这个时机在抖音里做点成绩，以后就很难分到这块大蛋糕了。

我做了大半年的“大拇指运动”，也开始有点“蠢蠢欲动”了。

我想起佳佳给我的爱心提示，唱几首歌发上去，万一火了呢？忽然间，想要“火”的心境在这一刻膨胀了。

什么叫“火”呢，就是粉丝达到几十万，几百万？或者退而求其次，像佳佳那样，几万的粉丝也算数？对了，疫情期间佳佳的粉丝量从4.7万滑落至4.2万，但是她每天依然在更新作品，甚至更多的作品……

不管怎样，想要“火”的念头执着得让我眩晕。可能是我做了太久的观众，也想展示一下属于自己的东西，可能是我糟糕的视力不允许我再做观众了，也可能是，我想要像他们一样，抢占先机，等到抖音如日中天的时候，轻而易举地分上一杯羹。

我对自己还算有信心，我的才艺虽然个个都不算精湛，但是做一个“网红”绰绰有余了。我的歌唱基础比较扎实，嗓音和演唱技巧偏向欧美风……我曾系统地学了几年美声，后来因为自己痴迷于流行唱法，所以就改了方向。总之，每天一首歌的输出对我来讲不成问题。

我注意到，抖音上音乐类的大 V 发的短视频更像是 MV，前期录好音，呈现出来的则是对口形，这样更有利于肢体表演（现场唱歌一般是很狰狞的）。而我蹲在家里，没有录音设备，自然走不了 MV 路线。想来想去，我决定把我的作品定位成“现场演唱”的风格，这样一来，我就可以稳稳当当地坐在家里架上手机录，我便只管唱就好了。我很自以为是地相信，我这种现场唱的人更有看点，更有价值……

结果却是令人伤心的。

连续发了二十多天的作品，可以说是无人问津……更没有感兴趣的朋友提出建议或是探讨唱法，“撩闲”的倒是有几个，真让人头疼。只有亲友团在日复一日地给我加油打气。

不过有一个可喜可贺的事情，那就是不知道为什么，当我开始发作品以后，我便逐渐减少“大拇指运动”了。

我的作品不算是很杰出，但是至少还有一定品质保证。而有一些没有品质保证甚至没有良心的作品，凭什么有那么多点赞？点进去一看，居然还有那么多粉丝！

说实在的，以前做“大拇指运动”的时候，我只关注作品的内容，喜欢就停留，不喜欢就滑过，我不会关注它有多少点赞，它为什么有这么多点赞，因为我不需要别人给我点赞。而当我自己输出作品的时候，我开始渴望得到别人的浏览、点赞和关注。我的作品里承载着我的心血，我还算扎实的声乐功底，我对作品的独特理解和我满腔的情感。

一个比较资深的媒体老师发现了我的困境，他告诉我，想要提高播放量就一定要“养号”、“做垂直”。每天至少刷一个到两个小时抖音，刷到和你类似频道的作品一定要看完整。同时，如果这个作品的点赞量很高的话，你也尽量点赞、评论、加关注等。每天都要保证这些常规操作，这样抖音系统会自动把你当成一个好用户，才会给你流量。听后我恍然大悟……怪不得没有流量呢，原来是我总是不给人家点赞评论加关注啊。“大拇指运动”又开始了，不过这回多少有点被迫的感觉。

我坚持了十天左右，不料没有看到任何成效。

但是恰恰也是这十天，拜抖音强大的算法系统所赐，我看到了各路音乐人。有比我唱得好的，也有不如我的；有唱功一流才华横溢但没什么人气的，也有平平无奇全靠包装却火得家喻户晓的。

不知道是不是因为我的号还没养到时候，或者怎样，总之，我必须放弃了。

我一口气把这十天的关注和点赞统统都取消了。我告诉自己，如果持续地“养号”是提高播放量、增加粉丝的必要条件，那么我干脆退出这个游戏。我是永远不可能再去养号的了。浪费我的时间，剥夺我存在的意义。

我也不再发我的作品了，原因很简单，没人看。

“别再浪费时间去做什么网红梦了。”我告诉自己。

愤怒的我终止了“大拇指运动”，每天练瑜伽、练歌、看书、做饭、收拾屋子。

过了几天的好日子，突然有一天上午，老家的一个阿姨问我最近怎么不发作品了，她说还等着听我唱歌呢……我说发了也没人听……挺伤自尊的。

她说她的侄女筱筱也在北京，最近也刚刚开始炒抖音，好像是加入了一个什么团体，只需要每天按照要求发几个作品就可以，涨粉涨得特别快……而且根本不存在什么所谓的养号（不得不承认，一听到这儿，我的心又开始躁动了）……阿姨接着说，筱筱是做高级套装私人定制的，以女装为主。最早她在广州创业，前几年转战到了北京，进一步拓展市场……她也看好抖音平台了，也想成为“网红”，这样她的产品才能被更多的人看到。

“我把她介绍给你认识一下吧，你们都在北京，互相也有个关照。”

“你歌儿唱得那么好又那么漂亮，不做网红真是可惜啦！”

阿姨说出了最后这句话，我很感动，也彻底投降了。

我想，大概，前段时间的折磨不过是上天对我的考验，真正的机会也许已经到来了。

是的，我想要放弃“网红梦”的信念就是这么不堪一击。

在阿姨的牵线之下，我和筱筱加上了好友。

筱筱真的是一位干练的女强人，高挑美丽，比我大十岁，却有着超越自身年龄的成熟风韵。也许是很早就独自在外漂泊打拼的缘故吧。

和筱筱加了好友的那天，我等到了晚上才和她通了语音电话。她说很抱歉白天一直在忙，我听出她的声音有些沙哑。

“咱们都是自家老乡，姐就开门见山直奔主题了啊。”

熟悉的乡音，我心中油然地温暖起来。

“我现在正在和一家公会合作，这家公会的影响力在抖音里排行第三名，是很有实力的。我们的涨粉方式呢就是‘矩阵式炒作’，什么意思呢，就是我和我的几个员工，包括即将加入的你，我们每天都会按照公会那边的要求，发一些相同内容的视频，我们捆绑式吸粉，会引来更多的流量。”

“现在素人想凭一己之力变成网红真的太难了，绝大多数都是整个团队跟在后面运作。姐听说你唱歌很好，有才艺，姐是实体店的老板，自己也在做品牌。但是我们完全按照自己的意图发作品根本涨不上来粉丝。姐原先也发过很多不同种类的作品，有的还是找专业拍摄团队给拍的……但是根本行不通。所以我们现在首要目的就是涨粉，公会让我们怎么发我们就怎么发，也不用有所顾忌，反正内容都是虚构的……等有了粉丝基础以后，我们再发自己本行的东西。姐也才刚开始做，两周涨了两万多粉丝。”

……

原来还可以这样操作……

原来筱筱也曾经试图走自己的网红路线未遂……

我惊叹、不解的同时，暗暗自喜。我非常理解筱筱焦灼的心情。

不管怎样，不用养号，不用操心，有团队帮着引流涨粉，何乐而不为呢？

“一会儿我把我和我员工的抖音号都发给你，我们互相关注一下，你大概了解一下我们每天要发的都是什么风格的。”

放下电话，我随即被筱筱拉进了她们的群聊。里面都是她

“矩阵式炒作”的同伴以及公会那边的指导老师荣哥。荣哥正在群里发布明天大家需要翻拍的视频。

“文字，音乐都是直接照抄，不要有任何改动。拍摄的场面和角度也尽量完全copy原版。”

荣哥好像故意说给我这个新人听一样。

我进入了筱筱的主页，映入眼帘的便是她的个性签名：“目标破百万粉丝！”筱筱果真是刚刚才开始了两周。她的每个作品都不长，拍摄得也很粗糙，基本没有任何后期制作。主要内容就是洗衣切菜做饭，开着名车和坐在老板桌前办公，或者在网红灯主播麦前掩面哭泣等。大体的人设就是贤惠善良肯吃苦，单身寂寞寻伴侣，而且往往还有一身的债要还……类似什么，刷到的朋友，不介意的话做我的哥哥；买了设备直播却没人看，还要还债，急哭了；女人婚后一定要把丈夫放在第一位；愿意心甘情愿地照顾老公各种起居等等的言语。一时间把我看得出神，除了开豪车和还债相互矛盾之外，其他的差点信以为真。

我和筱筱通过电话，也看到朋友圈里真实的她，只有女老板、单身是真的。她自己经营着生意，整天忙得都吃不上饭，更不可能有时间切菜洗衣服了……

接着我又看了筱筱的员工们，作品果真是一模一样的……唯一的差别就是每个人的脸和穿的衣服……每个人都有坐在豪车里的摆拍……只不过用的都是筱筱的车……她们的粉丝量也多是一两万。其中有一条蹲着洗衣服的视频，几乎每个人都获得了上万的点赞，上千的评论和转发。看到这里我真是很震惊，不知道什么样的人会去转发一个陌生人洗衣服的视频。

看着这些快速涨粉的账号，我不由自主地想起了佳佳……想起了她个个精良的作品和几年如一日的坚持……两者放在一起真是巨大的讽刺……

我管不了那么多了，先涨个一两万粉丝再说吧，有粉丝看着就比没有强。

第二天我便在荣哥的指导下开始翻拍作品。首先就是要把筱筱她们这几天热门的作品都拍一遍。我先录了蹲在地上洗衣服的那个视频。我的大件衣物从来都是用洗衣机洗，为了拍视频，我把放在洗衣机里准备洗的衣服拿到盆里，按照要求，倒进洗衣液，搓出了许多泡泡……然后换上了一套朴实无华的睡衣……

不料荣哥却不太满意，

“拍做家务的视频必须露腿。” “而且每个视频最好都露腿。”

他的要求就是这么简单粗暴。

我简直被气得头晕目眩。

装贤惠干家务，再配上那些散发着低眉顺眼的求偶信号的文字，为了涨粉，我认了。那么露腿是做什么呢？

我不是保守派，我只是觉得这种露腿方式有点……它不是在展示人体美。是什么，我说不清，只觉得有点让人生厌。

我开始打退堂鼓了，可脑中却回映着那些平平无奇的百万大V歌手……一想到暗无天日的绝望养号，我的头皮就微微发麻……其实还是不甘心，不甘心付出了这么多最后一无所获地离开。

看着筱筱她们十几天的战绩，我也豁出去了。

第二天，我一夜之间涨了两千多粉丝。

“你看，听我的就对了吧。”荣哥说。

“你有没有小孩？”他问我。

“其实有没有小孩都无所谓，主要是打造单亲妈妈的人设，这样更容易吸粉。”

我哭笑不得地说，这个就不必了吧。

接下来的几天都是24小时涨粉状态，有一条背对着镜头擦墙面配着“女人婚后一定要把丈夫放在第一位”文字的视频获得上万的点赞，荣哥说，这就叫“热门作品”。

涨到快七千粉丝的时候，荣哥突然让我准备直播设备。

“直播和拍视频一定要同步，而且每天都要固定直播的时间段，这样才能持续涨粉。”

“这几天你多看看我们公会几个红人的直播间，学习一下直播时的各种玩法。”

他随即发给我几个女孩的抖音号，都是他们公会签约的主播。

我曾经幻想过在直播间给大家唱最喜欢的歌，共同探讨一下歌唱方法，或者聊一聊人生和世界观价值观之类的。

我预感这样的初衷无法实现了，至少在这家公会是这样。

看过了她们的直播，我更加确信我的预感。

我看了不下十个人的直播，清一色地穿着深 V，估计是荣哥的指示。在几个略有人气的“老主播”的直播间里，除了这几句“谢谢我的家人们”“谢谢支持”“谢谢我张哥的气球”“谢谢我李哥的飞机”之外，我真的记不清她们还说了些什么。大概坚持直播只让她们学会了这几句话。更惨的则是几个新人，直播间里人少得可怜，几个到十几个人不等。不知道在屏幕前坐了多久的她们，目光呆滞、绝望，看到有人进来，连忙精神一下，挤出一丝疲惫的笑容。她们大概也是受到了某些励志主播月入几万的激励，便这样无底洞般地耗费着青春……

整个直播中，主播最激动的环节则是连麦 PK，她们不是比武也不是比艺……那比的是什么呢？就是谁获得的礼物多——落后的主播会娇嗲地喊道：“我的家人们加油啊……再坚持一下下……支持我超过她啊……把她 PK 下去啊。”

相比之下，筱筱她们的直播还要好一些。她们会聊一聊天气、饮食，或者讲讲服装穿搭，不过也就十几个人在线。

至此，我的“网红梦”彻底破碎了。

第二天一早，我便打电话给筱筱，告诉她我要退出这家公会。

“亲爱的，姐这几天忙得忘了关照你了，为什么要退出呀？我看你的粉丝每天都在增加啊！”

“这件事和姐姐一点关系都没有，我就是不想再拍视频了，况且我也不能按照荣哥的要求去做直播，我挺害怕那个 PK 连麦的，我不想平白无故地管人要钱。”

“其实姐加入这家公会也是无奈之选。前段时间我特意跑去上海参加过某达人的短视频培训课，一万多的学费，学完以后一点用都没有……我还有几个朋友是开餐馆的，也想提高知名度，因为现在有一种说法就是作品的质量提升了流量自然就来了，所以他们特意找到了专业的拍摄团队，团队要求一次至少十个起拍，每个视频收费几千元，十个就要几万……我那朋友豁出去了，拍了十个视频，十几天就发完了，结果还是不涨粉丝。”

“现在看来，只有我们这种矩阵式、虚拟式的拍视频方式能快速涨粉丝了……”

“可是，姐，现在给我们涨的粉丝都是男性，将来你怎么卖你的品牌呢？”我想我有必要把我的担忧讲给筱筱。

“哎，这也是我发愁的地方，这些粉丝统称‘垃圾粉’，就是不会形成价值的粉丝，但是没有这些‘垃圾粉’给你垫底，你怎么能一上来就精确地吸引到客户群呢？”

“姐，公会那边收了你多少钱？”

“我们做之前就谈好了培训指导价，十二万元。”

（培训指导……公会所谓的培训指导就是完全 copy，再配上裸露的大腿吗……这里真的汗颜了。）

“姐，公会再让你打钱你一定要小心，我担心这是无底洞。”

“好的，我知道。”

“那么，你真的想好了，一定要退出？”

“是的，但是我担心他们不会轻易放我出来，或者把我这个号废掉。”

“不会的，我还有钱在他们那儿呢，他们不敢。”

没过一会儿，我便顺利地和这家公会解除关系了。

退出公会的当天，我隐藏掉了所有作品。从加入的那天算起，正好一周。一周时间，我的粉丝从零涨到了八千，筱筱则从两万涨到了四万，她的员工们涨幅也不小。现在我知道了，这是十二万人民币的威力。

我惊叹于有些公会可以如此随心所欲地驾驭流量，众多无聊、虚假甚至欺骗人感情的作品，在他们这里，被称为“生活化”的作品，被捧上了热门。

不得不说，曾经我在做“大拇指运动”的时候也会看到一些凄苦又励志的作品，着实让我感动。我从未怀疑过它们的真实性，因为那时我还不懂刻意卖惨的意义，更不了解直播打赏。可恰恰是这一个又一个的无良公会，拥有着驾驭流量的能力，轻而易举地掠夺了“佳佳”们和更多的优质创作者的生存空间……

筱筱管这些涨上来的粉丝叫“垃圾粉”，也就是所谓的完全不能产生商业价值的粉丝。可他们在那堆着，堆出个几万、几十万甚至百万出来，看起来就相当有人气，相当让人羡慕了呢。只有自己心知肚明这是怎么一回事，这让人梦寐以求的粉丝量，不过是欺人欺己的虚荣把戏。再看看佳佳，现在每天发的作品点赞只有几十个，甚至十几个……就算有的人喜新厌旧，那么她剩下的这4.2万粉丝中怕是连一百个真心喜欢她的人都没有，真的很伤人心了。

粉丝两百的人认为粉丝两千的人很火，两万的人认为二十万的更火，那么粉丝4.2万的佳佳认为什么样的叫火呢？像筱筱她们那样继续涨粉到几十万就叫火吗？恐怕这个“火”是一把“虚火”。几十万上百万的粉丝，究竟有多少是被你的真才实学、你的人格魅力、你的独特气质所吸引呢？

事实上，多数人在进行“大拇指运动”的时候本质上在寻找一个又一个的“短时刺激”，注意，一定是“短时”。这就是为什么“佳佳”们再怎么精心制造出来的个性人设，也会随着看客们短暂的刺激感消退后变得再也无法吸引他们……这也是为什么筱筱她们前后矛盾的视频竟不会引起看客发问——毕竟筱筱一会儿是月入十万的老板，一会儿又是还债翻身的主播……她的员工们一会儿坐在豪车里事业有成只差老公，一会儿又变身打工人蹲在马路边上吃盒饭。

也许，在这里，大家看的只是作品的“高潮”，只是“刺激”，没有人关心你真实的生活到底是什么样。

可是她们，佳佳、筱筱、我，还有更多更多的“她们”，耗尽自己的气血，小心翼翼地在这里种下希望的树，可它却极有可能是一棵无果的树，或是，在某一天，在你还没有收获到果实的某一天，停止了生长，毫无征兆地枯萎、倒下。你所有的坚持、付出和期盼，霎时无影无踪。

然后你会后悔，你当然会后悔，并且心痛。因为昙花一现的开心是极其短暂的，被浪费掉的时间是极其宝贵的，苍白的大脑是难以修复的。

我祝福我的朋友佳佳。尽管她还舍不得放手，无力地挣扎着。“网红梦”消耗了她的时间，消耗了她的健康，但她也把她的美、她的青春留在了梦里，留给了她的 4.7 万粉丝，也留在了这座城市最沉谧的黑夜中。

我也祝福筱筱，这个无私帮助我的美丽姐姐。尽管她的“网红梦”前途未卜，她也不知道这条路会通向哪里，但她依然带领她的员工，咬着牙握紧拳头做着强悍的抗争。

我喜欢唱歌，但我还有很长的路要走。我会踏踏实实地练好基本功，练好每一首歌。我还要学很多的东西，看很多的书。毕竟只有自己脑子里的东西和身上的真本事才是一棵常青树。

未来有机会，我还想办一场音乐会。

题外话，我的一些碎言片语。

这是一个流量为王的时代，可偏偏很多霸占流量的人“德不配位”。

“德”真的重要？“德”太重要了。没有“德”的人掌握了流量，拥有了影响力，祸害的是所有被他所影响的大众。

通过一些奇葩的、毫无社会价值的，甚至是神经质式的噱头把自己捧火，然后所谓的带货、接广告、直播、流量变现，轻松赚大钱，仿佛谁都可以去试一试了，仿佛，成功就这么轻而易举。

事实上，我看到的是海市蜃楼，是泡沫。

孤独，我最亲密的朋友

——不管你的故乡在哪，无论你的身世如何，你选择了北京，
一切，重新开始。这是北京的魅力，这是孤独的魅力。

如果有人问我，北京的生活是什么样的，我可以想出很多词汇，而孤独，是这其中权重最高的。

这里有万家灯火，却没有一盏是为我而燃。

2018 年秋天我来到北京，一边实习，一边写毕业论文。那是我人生第一次独居，独自一人住在一个空房子里。

我体验到了人生从未有过的自由、空闲，没有人知道我是谁，我在做什么。

逐渐地，这种穿梭随意的状态让我感觉自己像一个“空气人”。绝大多数时候，我面对的是自己的影子和自己的想象力。

我记得那天晚上，又是空虚的一天结束了，躺在床上，我的思绪开始编织着，脑海中浮现出一个宽敞明亮的厨房。我想，有可能以后那将是我的厨房，然后，我还有一个温暖的家……在厨房里，我为心爱的家人准备食物，厨房的每一个角落都是光亮的，我会在那里幸福地生活着，直到……直到什么？隐约中一个可怕的想法逐渐袭来，它不受控制般地膨胀着，占据了我的整个身心，我看到了一个终极黑洞，原来它始终在那里等着我——那是死亡，是一切的消逝。

那天晚上，我被恐惧吞噬着，颤抖到无法行走。

后来的一段时间里，我变得消极，极度沮丧，仿佛只有我一个人看透这人世间的可悲，而其他人，却浑然不觉地忙碌着，生活着。

人终有一死，即便是小学时候的我也懂得这个道理。而对死亡的恐惧却在我孤身一人，在北京的这一时刻，突然爆发。

我的家人都认为，生活环境的改变造成了我的恐惧。听着电话那边的我悲悲戚戚，十分消沉，“实在不行你毕业就回老家吧。”他们无奈地扔下了这句话。

回老家就能解决我的问题吗？后来我听到一个理论，感到死亡恐惧实则是自我意识的觉醒。那么或许，当我开始面对孤独，并真切感受着它的时候，我离彻悟人生又近了一步。

后来那段时间是怎么过去的呢？仿佛特别漫长。白天实习时大部分时间很清闲。夜晚，我会一个人游荡在小区后面的那条马路上，买点地瓜干，吃点鸡米花，逛逛物美一层的老年女装……有时候还能拎回一条特别舒服的裤子。偶尔，我也一个人看场电影。

一本名为《死亡哲学》的书给了我一些安慰，“正视死亡，才能真正拥抱生命”。我经常用这句话提醒自己。

后来，我如愿地工作了，就像我预想的那样。本科毕业就进入社会，我相信社会的历练比起读研，对我来讲，更有意义。

的确如此，历练一直在继续着，而现实和理想终究是两件事。有时候，一种感觉令我慌张——时间在不停地流逝，生命被一点点消耗，信念被逐渐吞噬。

工作时间已然抹去了一天中的大部分，而这大部分的时间里又经常缺乏善意和温暖。只有像机器一样地工作时，情绪暂时被麻痹住了。一旦停息下来，孤独从脚底涌至头顶。多数时间，我沉溺在孤独中，用最没有意义的事情消化着它，打发着这种无限的循环。

我和万千个她们一样，万千个她们就如同我。

在夜幕降临之前，回到了那个不属于自己的屋子里，透过窗户，看着天空上逐渐多了几颗星星。推开一扇门，就是外面的世界，可这扇门却怎么也推不开。

我们开始哭泣。

直到我们流下最后一滴眼泪，伴随一阵无声的鼓掌。

我们知道，哭只是一种宣泄，它并不代表我们就要脆弱地倒下，或者我们就要离开。

心中的一丝光亮，哪怕再微弱，也可以将迷途的梦支撑起来。

我们就这样生存着，活着。在这座城市，未来永远遥远。

那一天终于到来，孤独变成了常态。孤独，成为我们最亲密的朋友。

我拥抱它。

孤独让我能经常仔细想一想，到底要怎样度过这漫长又短暂的一生。因为孤独，我曾泪流满面。孤独的时候，我不知道我是谁，在荒凉无垠中，一文不值，不堪一击。在孤独中，我擦掉眼泪，生长出一双羽翼，我的眼中，多出一分坚毅，一分坚定。

我们最终会找到让生命充满斗志、希望和期待的状态。

我很喜欢这句话：

我们仍有英雄之心的勇气，虽然被时间和命运耗损，但意志坚强，要斗争，要探索，要寻找，绝不屈服。——《尤利西斯》

我依然在孤独中继续探索，继续前行，继续我的孤独之旅。

进 阶

她的独诉

——生命是一场路过，瞬间即成永恒。美好如你，值得去体验。

分享一段小媛的故事，或许，这只是一个特殊的个例。

小媛的妈妈曾告诉过她，女孩子的第一次是非常珍贵的，一定要留给丈夫，或者说，准丈夫。

小媛听了妈妈的话。直到 21 岁，她还是母胎单身。

没有男孩子追求她吗？

不是的。

曾经，有一个 15 岁的英俊少年，为小媛写了首曲子，用吉他弹唱。他想要把自己的初吻送给小媛，当然，小媛没有接受。

不过，虽然没有接受，小媛已然充分感受过那些，青春男女的那些……有如天蓝色和粉红色的交织，羞涩，自作勇敢，和不顾一切的心跳。

而这些，在少年的脑中膨胀，回到现实中，却只能在间隙中穿插。因为每个人都背着一座高考的大山，负重前行。最终，小媛以一种冷酷的姿态覆盖了所有少女的渴望。

后来，小媛如愿地考入了一所 985 大学。只是录取通知书下来的那一天，她并没有像曾经在脑中无数次幻想的那一幕那样，一蹦三尺高。

还没去学校报到的那个暑假，小媛听往届的学长学姐说，这所大学里每年有百分之十三的人拿不到毕业证，如果挂科了，不能补考，只能重修一学期，重新考试。

听到这些，小媛忽然对大学生活不抱什么打算了。一切就顺其自然吧。

报到那天，小媛一个人抱着一大包床单被子，从宿舍管理室向女生宿舍艰难移动。一个男孩主动来帮忙了，容不得小媛反应，他一把接过行李。小媛定睛一看，这是一个时尚、健壮，还很性感的男孩。那天他们互留了微信，小媛得知，男孩和她同届但不同学院，是哈尔滨人。

“我看我俩挺合适的，哈哈哈。”男孩十分爽朗又酷酷地说道。

不出所料，男孩不久便开始追求小媛。

和高中时期的纯粹的爱的互换不同，大学里谈恋爱，总会让人主动地和未来挂钩。

但是同时，小媛心中也不受控制般地渴望着某些东西……男孩青春健美的体魄，火热的言语，充满激情的眼神……

小媛知道自己和男孩在一起会很幸福，她也知道，男孩有着极其强烈的愿望去得到她。但是，已经成年的她不敢自作主张地轻易把自己交给男孩。

小媛把这件事告诉了妈妈。

妈妈帮她全方位地“分析”了男孩的未来走势：男孩的父母多年前从哈尔滨辗转到深圳做生意，男孩又是家里的独子，毕业后一定会回到深圳继承家业，不可能去北京发展。而北京，一直是小媛梦寐以求的地方。

至此，妈妈一票否决了男孩。

听完妈妈的陈述，小媛的大脑仿佛静止了一般。“妈妈说的是对的，即使听起来难受。”小媛在心里想。可是一点点的不甘，和叛逆，逐渐升腾……未来是遥不可及的，和男孩在一起的快乐、释放的荷尔蒙以及……即将发生的……第一次的梦幻……

“你没办法和他结婚的。那么你如此轻率地献出自己宝贵的第一次，就是对自己极大的不负责任。”妈妈大声地说着，“我的观点就是这样，最终的决定权还在你自己手中。”

想到男孩必定会去深圳……想到自己并不想去湿热的南方……想到“轻率”、“宝贵的第一次”、“对自己不负责任”这些可怕的字眼……小媛将这段激情熄灭了。

小媛也完好地保存了自己的处女之身。

再后来，小媛又邂逅了两个男孩子，无论是外形还是人品，都不差。美中不足的是，他们的GPA都比小媛低很多。这回轮不到妈妈来阻拦了，小媛总觉着成绩不好就意味着发展不好……虽说对他们也曾萌发过一些遐想，但最终还是选择了“存天理，灭人欲”。

直到大学三年级，小媛的那些曾经近在咫尺的男孩子都纷纷找到了各自的女朋友。尽管在小媛看来，那些组合并不太合适，也不像是能步入婚姻殿堂的样子。但是，看着他们快乐、满足的神情，小媛开始焦灼了。

小媛越发地孤独了。

一次，小媛在食堂看见一对情侣四目相对，她的孤单和悲伤瞬间放大了十倍。她再也不去食堂吃饭了。

小媛抑郁了。

冷清的周末夜晚，躺在宿舍的床上，小媛只能默默流泪，或猛然间起身，想去找一个人，可蓦然回首，那些人已不在灯火阑珊处。

“我的青春就要过去了，可是我什么都没有经历过，甚至都没有和男孩子拉过一次手。我想经历那些，可惜我错过了。”

小媛的世界暗淡无光。

“老姐，你快找个男朋友吧。”一个曾经追求过小媛但被拒绝不久便脱单的学弟开玩笑似的对小媛说。小媛知道学弟是善意的，正因为曾经的爱慕，学弟才发现小媛低迷的现状。

其实，这期间，小媛真的在心里默默地回数曾经给她投过橄榄枝而且现在依然是单身的男孩，也有几个。但小媛徘徊着，迟迟不能做出选择。

“我没有那么喜欢他们，为了缓解自己的孤寂而佯装恋爱，也是一种欺骗。”

而此时，学弟的一番话，却适得其反地让小媛彻底放弃了在学校挑拣剩下的单身汉。

“那时的我固执地认为，憋到最后，还凑合着找了个方方面面都没那么满意的男生，会让人笑掉大牙。”

小媛和自己拧上了，为了维护自己在学校里最后的尊严，小媛也最终失去了，这一生中感受校园恋爱的最后的机会。

毕业前夕，小媛如愿获得了一次在北京实习的机会——那是她渴望已久的电视台。一片新奇的世界，每天繁忙的工作，仿佛让小媛忘记了先前的忧郁。

可是，某天夜里，思绪便又如洪水般涌来。

……

“马上大学毕业了，我还是处女。”

“活了这么大了，我什么都知道了，就是不知道性爱是什么……我本该早就体验这一切，这对我来说不公平。”

“我会不会被人笑话?”

“不能这样了，可我不知道该怎么办。”

……

终于，那一天。

小媛遇到了高同学。

高同学虽然姓高，但身材却很矮小。

他是南京人，和小媛是同龄人，就读于北京某高校，并早早就获得了南京某高校的保研资格。那时，他们都是电台的实习生。

那天，小媛发现高同学很注意她，也许是高同学主动找到的机会，他们有了一段非常短促但极度默契的谈话。小媛清晰地感受到高同学的热情，直线般传来。

“他是单身吧。”小媛心里想。

高同学的确从未交往过女朋友，得知以后，小媛竟有一种同是天涯沦落人的感觉……

如果说自己是因为追求卓越而饱受孤身之苦，那么高同学呢？他也会在孤独的夜晚偷偷伤心吗？

小媛和高同学的联络多了起来。小媛也不知道这是不是恋爱，毕竟她从未经历过。高同学时常的问候，让小媛不自觉地开始惦念。

“我不是很喜欢北京，气候也不适应……读完研以后，我大概率不会离开南京了。”

“你愿意和我去南京生活吗？”

一天晚上，高同学给小媛分享了一首歌，牛奶咖啡的《越长大越孤单》：

“越长大越孤单
越长大越不安
……
看着我 也告诉我
你是否 依然相信童话
你曾对我说
每颗心都寂寞
每颗心都脆弱都渴望被触摸
但你的心 永远地燃烧着
永远地 不会退缩”

“有一件人生的必经之事，我希望你帮我完成它。”

他们生涩地订了一处宾馆，一切就这样了，是偶然，也是必然。没有更多的言语表白，就是这样顺其自然，小媛把她的第一次给了高同学，高同学也把他的第一次给了小媛。

他们之间那仅有的一次，至今，都定格在小媛的心中，成为永远不可替代的回忆。后来，家境不太富裕的高同学提出，想要送给小媛一个礼物。小媛没有接受，她说，这一切的一切，已经足够了。

那次，仿佛时光定格的电影，不再悲叹，也无须再孤独地幻想，小媛人生中的少女阶段画上了句号。

小媛觉得自己完整了，是一个女人了，是一个真正意义上的女人了。她甚至，是有些无所畏惧了。

“我是天空里的一片云，
偶尔投影在你的波心，
你不必讶异，
更无需欢喜，
在转瞬间消失了踪影。
你我相逢在黑夜的海上，
你有你的，我有我的，方向；

你记得也好，
最好你忘掉，
在这交会时互放的光亮。”

这是小媛最喜欢的一首诗。
小媛的“第一次”，就是这样了。

关于“第一次”的思考：

我还曾与身边十余位女性朋友（以及她们的女性朋友）探讨过有关“第一次”的种种。此时正值全球暴发新冠疫情，我不能和她们面谈，只好通过微信联络，了解她们心中对“第一次”的感受和回忆。整理分析过后，我总结出下面的东西，希望能对女孩们关于“第一次”的感知或选择方面，有所帮助。

在这十余位女性当中，她们的“第一次”发生在她们的16岁至27岁不等。

其中，16岁就感知了“第一次”的女孩是我的同学，也是我的好朋友。她是一位感情丰沛、着装前卫的美术生。她也是对性的萌动发生得最早的一位（14岁）。在采访中，她表示，在16岁获得了“第一次”令她“非常开心，重获新生”。但是即便如此，她仍然表示，如果可以重新选择，她希望更晚一些再开始吧。

另一位，也就是27岁才开始了“第一次”的姐姐，她表示，自己对性的萌动早在16岁就开始了，但是，她还是在27岁才获得了“第一次”。她说：“有一种解脱的感觉，或者说是过了自己的一道坎。”毋庸置疑，她表示，“重新选择的话，会更早一些吧”。

情况相似的还有一位——也是16岁便有了对性的萌动，但也等到了25岁才开启“第一次”的姐姐。她也是我比较熟悉的一位朋友，一个传统的、聪慧的、敏感的、对生活充满希望的女孩。经历了“第一次”以后，她这样说：“永远不要把没有了第一次当作是一种损失，因为不管第一次是和谁发生的，它都是属于你的宝贵的经历，是你得到了你的第一次，而不是你给出了你的第一次。”

接下来，我想说一位情况相反的女孩。她也是我的同学。她的“第一次”发生在19岁，但是她并不为此而快乐。在我问到她对性的萌动发生在什么时候时，她说她也不知道，并没有这方面的感觉。她甚至对自己的“第一次”有些后悔，如果可以重新选择，她希望再晚些时间。“应该晚点投入恋爱，先好好学习吧。”她说。

和她类似的还有几个。对于她们，我们甚至可以理解为，她们是较被动地拥有了自己的“第一次”。如果不是她们的男朋友在那一时刻很急迫，她们应该会再等上一些时光，等到自己真正需要它的时候。那样，她们可能就不会后悔了。

还有一些女孩，可以被认为是幸运的一组——她们在15岁左右便可以体会到性的萌动，而她们发生“第一次”时都没有超过20岁。从对性的“萌动”到真正发生，她们并没有像上述一些女孩那样，经历一个过于漫长的过程，或过分地纠结和顾忌。一切就那么顺其自然地发生了，不计后果，也不曾后悔。

最后，再说一位在这方面有些难过的女孩吧。这是一位非常漂亮的姐姐，家境优越，性格爽朗。她也是在15岁便有了最初的萌动。17岁的时候，她有了“第一次”，但这却成了她无法抹去的糟糕记忆。“害怕、失望、后悔”，她这样形容当时。我猜想，她可能是被引诱的。她说道：“祝小妹妹们都能有个美好的开始和幸福的回忆。性是为了取悦自己，而不是满足他人，生理卫生知识要好好学习。”谢谢这位姐姐。

弗洛伊德曾经说过，性是一切行为的原动力。他甚至在精神分析方面全方位介入了“性本能”。直到如今，这种精神分析方式仍在继续。当然，现如今，许多心理咨询大师认为，人的精神层面复杂和深沉，全凭“性本能”去做分析或许会显得单一。

但不管怎么说，当你感受到了强烈的性的萌动，而它却被一味地、常年地压抑，你的确需要借鉴弗洛伊德大师的理论了……这种折磨无声、无形，它渐渐抹去你的雌性激素，而这，是一条漫长而没有尽头的隧道。

是的，有一个女孩曾经告诉我，对于自己的现状，她很失落——她是一个25岁的处女。排除掉所有虚荣心，她单纯地觉得，她浪费掉了她的青春，她本该去感受她一直以来就想感受的那一切。

那么问题来了，“第一次”和谁发生？什么时候发生？我想，那个人，TA一定要是真心喜欢你的，或者是你真心喜欢的，或者，至少具备友谊基础的。“第一次”的所有权终归自己。

但同时也请记住：如果不能碰上一位卓越的、理想的他，那至少要是一位善良的、诚恳的他。如果碰不到，那我建议你，即便你很急迫，也再等等吧。

因为它绝不止于性，那里一定要有爱和温存。

“只是那个夜晚
我深深地都留在心坎
长大以后我只能奔跑
我多害怕黑暗中跌倒
明天你好含着泪微笑”

避风港

——即使你什么都没有……没有顺心的工作，没有贴心的男朋友，没有较好的居住环境……你仍然可以有一个避风港，它是你的厨房。

我的厨房就是我的避风港。

其实我并没有一个厨房，一个真正意义上的厨房。因为没有煤气，又没有独立的空间，只有水槽和抽油烟机。

刚住进来时，我并没有想过，这个角落日后会熠熠生辉。

我刚到北京的最初一段时间，各种事情纷繁地砸向我，现在我甚至记不清那时我回家以后都在忙些什么，而吃饭则是我最不关心的一件事。

那时正值北京最炎热的“桑拿天”，每天一睁开眼睛就急三火四地往外跑，挤着地铁按点赶到单位，然后打卡，接着就是忙乱的一天。

单位没有食堂，因此我天天点外卖，晚上也是。每天，我的食物都来自外卖、便利店和街摊。

这样的日子过了不到百天，我的身体开始拉警报了。

忽然有一天，我感觉嘴里面很干涩，有一股异味，胃也烧得难受。身体仿佛已经缺失了很多营养，食欲逐渐减退。

我的精神状态也突然间随之糟糕起来。我觉得我活得简直没意思，每天吃进去这么多不确定其卫生及营养的东西。进而，一个想法闯入我的脑中——我大学白上了，书也白念了，我来北京不是来干什么有意义的事，而是每天吃垃圾来了。

我每天都在憎恨自己，但是我依然没有想到，该如何走出这种困境。

一天晚上，我到楼下超市买小零食，百般无聊地在里面转悠。

忽然，我看到新鲜蔬菜整齐地摆放在货架上，五颜六色，仿佛标注着各种维生素。

想到我每天点的外卖，蔬菜少得可怜，同样的价钱，不知道要买多少新鲜蔬菜呢。

这一刻，做饭的冲动涌上了心头。

我实在是太想吃这些新鲜蔬菜了，光是看着它们，都觉得浑身舒服。我决定，我必须要吃下这些菜。

我开始构思我的做饭计划。

首先，我要置备通电的炊具。

最先，我只买了一个电磁炉和配套的煮面锅。做面条是最便捷的，而且有面有菜，营养均衡，还很养胃。

就是每天晚上吃一顿这样的热汤面，没过几天，我就觉得身体通透了一些，胃也不再难受了。

接着，我又买来了电蒸锅和平底锅。我想吃东北大米了，东北大米配炒菜吃最香。当我用我的小电蒸锅蒸出第一碗家乡大米饭时，我看到了晶莹剔透的米粒，冒着油光。

与此同时，我也渐渐调整好作息，早上能匀出早饭的时间。

早晨我不喜欢吃得太多、太油。一般而言，我就冲点蜂蜜水，吃片面包，再吃一个水果就好了。偶尔，也会解解馋，到早餐铺喝豆腐脑，吃炸果子，吃得热腾腾的，出来后头发和身上还留着油炸的味道。

随着我的做饭流程逐渐熟练，我的厨艺也不断精进，我这个独居人，通过简单的饮食，也把自己的生活照顾得越来越好了。我很想分享我的做饭心得：

我给自己做的第一顿饭就是西红柿鸡蛋面（因为我听说西红柿有很强的抗氧化功效）。后来它成了我的招牌菜。

我的秘籍其实非常简单：

◇清水烧开后放入切好的葱、姜、西红柿，煮大概十分钟（如果觉得太慢的话，三分钟就可以了）。

◇西红柿的汤汁逐渐浓了，葱姜也入味了，这时候放入挂面，接着煮三五分钟。

◇然后打入搅散的鸡蛋（一点点倒进锅中，会形成蛋花）。

◇最后，加少量盐，淋上香油、撒点香菜，就出锅啦。

全过程十五分钟，我的晚餐通常就吃这个。

我每天都吃不同的蔬菜，但是做法是一样的。

我喜欢的几种搭配还有：菠菜+蟹味菇、娃娃菜+豆腐泡、黄瓜+滑子菇、西红柿+莜麦菜，或者根据冰箱剩菜的情况而定。这些都是纯素的。觉得营养不够的话，打一个鸡蛋进去，味道也不受影响。我的口味比较专一，这几个搭配百吃不厌。

就这样过了一段时间，我的择、洗、切能力越来越强了，买回来的蔬菜很快就能处理好。

之前没法煮的菜比如青椒、韭菜、西葫芦、洋葱等，自从有了平底锅，就都可以做了。

我做的炒菜也非常清淡，相当可口。

这是我的炒菜程序：

◇油热下打散的鸡蛋，八分熟的时候盛出备用。

◇再添一点点油，下葱姜（偶尔需要蒜），炒香后放入蔬菜。

◇蔬菜开始变软时加入炒好的鸡蛋，再翻炒一会儿，视情况放些酱油。

◇最后放盐，出锅。

其他的调味品我没买过，也不太爱吃。

所以当我想吃炒菜的时候，我一定先把米淘好，放入蒸锅，然后再去处理蔬菜。

西蓝花胡萝卜这类蔬菜，我就直接煮熟了吃。而茄子和土豆，我喜欢按照老家特色的吃法，蒸熟后放入大酱、葱花，偶尔放点老干妈，拌着吃。

想家的时候，我就在电蒸锅下层蒸大米饭和茄子土豆，上面放鸡蛋青椒焖子，二十来分钟一起出锅了。

这样下来，即便是工作日，我的早晚饭也有保证了。

当然，我还是不满足，因为每天的午餐还是要吃重油重盐的外卖。

我又开始研究便当。很庆幸我买了一本很好的书——田中民的《每日便当》。

我很欣赏田中女士的饮食结构，她也是以蔬菜为主，三餐都是自己去做。田中女士每周末采购一次生鲜，然后集中 2 个小时，把食材处理好（包括洗、切，以及简单的煮、炒、拌），放入冰箱冷藏。这样，接下来的一周，便当里的配菜就都做好了，所以她才会在工作日用最短的时间做出最丰盛的便当。最后算下来，田中女士家的伙食费折合人民币一个月 1500 元（包括她和丈夫的全部餐饮费）。

这个餐饮费无论是在日本还是在中国，尤其像田中女士家那么丰富的饮食来说，算是相当划算了。用同样的价钱，在外面是不可能吃到这么多营养丰富的饭菜的。

当然，现阶段的条件不允许我的便当做得那么复杂。我也不习惯把菜做好冷藏一周再吃完。我的时间还是允许我一周去两到三次超市，买来新鲜的食物。

我要求自己一周至少做两到三次便当，剩下一两天中午再考虑点外卖换换口味。

便当都是我头天晚上做好的，其实也不费事。如果第二天我决定带便当，那么今晚的饭就多蒸一些，菜也多炒一些，或者再单独煮一些胡萝卜、西蓝花，蒸一些紫薯、山药和玉米等，偶尔也会煮一点牛肉。做好后凉凉，装进餐盒中，放冰箱冷藏一晚（我的单位是有微波炉的）。

如果你的工作是弹性的，早上不急于出门，这些完全可以放到起床后去做啦，这样吃着更新鲜。

周末的话，如果是待在家里没什么约，我会给自己做两顿饭，和平时相比会丰富些。

刚到北京的半年时间里，我的周末通常都是宅在家。有一天，我忽然就想，不如自己动手干点什么。我想到了烘焙：它烦琐的程序足以占满我无聊的时光了。

就这样，我又添了一个烤箱（最小最小的那种）。

我在网上搜到了教程，尝试烤蛋挞和各种饼干。自己做出来的东西味道很纯，再配上一杯牛奶或果汁，简直是太幸福了。

后来我的周末渐渐忙起来，也没有太多时间光顾我的小烤箱了，但是在那段百无聊赖的日子里，它的确给我带来很多快乐。看着自己精心制作的小团子在烤箱里一点点膨胀，香气弥漫到屋子的每一个角落，真的很满足。

至于肉类，我平时不怎么吃，不是刻意地不吃，我对肉是真的不太感冒。这也可能与我在瑜伽学校全封闭式学习的那段日子有关。传统意义上的瑜伽修行对饮食的要求是全素。瑜伽人认为食素可以净化血液，帮助瑜伽练习的功效达到最大化。

我所在的那个瑜伽学校的食堂算是蛋素食。那段全封闭训练期吃不到一丁点肉。说来我也很惊讶，不吃肉，配合着高强度的体能训练，非但没有半点不适，反而觉得身轻如燕，步履矫健。

至此，我真的信服了，并且我喜欢上了蔬菜本身的滋味，那是一种自带的清香。

有一阵子我总在朋友圈秀自己做的饭菜，一个知心姐姐私信给我，她说我还这么年轻，要多吃些肉才健康……我们俩都是O型血，她告诉我说O型血的人消化肉类的速度最快，不吃肉可就亏了哦。

我相信了这个理论，所以我给自己规定，每个月生理期那几天一定要吃肉。

一开始我就买两盒肥牛卷和洋葱一起炒或煮着吃。然而总吃肥牛卷，我又觉得不划算。相同的价格，可以买回来新鲜的排骨、鸡肉或者牛肉，还都是切好的，为什么要吃冷冻的肥牛卷呢？

至此，我又添了一个煲汤锅。

我的煲汤锅专门用来炖肉，简单的工序，再等上两个小时，我就能喝到最有营养的汤了。每个月的那几天，要加倍呵护自己。

我的煲汤程序就更加简单了：

◇冷水下肉类煮，直至浮出血沫（一般水开后半分钟即可）。

◇将焯好的肉，处理好的蔬菜，葱段，姜片，大料，放入锅的内胆中，加入适量的水（水刚刚没过食材时煲好的汤汁会比较浓）。

◇设置两小时（或一个半小时）功能，等待……

◇两小时后，放入盐、香菜，可以开喝啦。

因为肉类本身带油，所以就不用放油了。

我钟情的搭配也是那几种不变：排骨+萝卜，排骨+海带莲藕，排骨+玉米胡萝卜，猪蹄+黄豆，牛肉+西红柿圆葱土豆，鸡肉+蘑菇土豆。

当然，过了生理期，我还是一个蛋奶素食者，我不喜欢吃肉以后身体的那种负担感。

以上就是我在厨房的所有操作。种类丰富的时令蔬菜、不间断的鸡蛋酸奶牛奶以及各种豆制品，为我提供了身体所需的全部营养，也让我足以应对北京干燥的气候。

我每天也都会吃水果。都说女人吃肉补血，对于我而言，每个月生理期的肉类补充就足够了。反倒是大量的蔬菜水果让我的皮肤通透，气色宜人。当然这也可能得益于我清淡的口味，葱姜蒜或香菜这些新鲜的调味品对我来说已经足够了。

在自己做饭的过程中，我的精神面貌变得越来越好。

清香美丽的蔬菜，光是看着它们，就觉得全身放松，精神愉悦。在超市里挑选着它们，回家后把它们清洗，或去皮，或切成小块，然后做熟，直到屋子里都是香气。对我而言，算是最幸福的事情之一了吧。负面情绪，不开心的事情，统统不复存在了。

吃着营养健康的食物，身体和皮肤变得越来越好，内心会有一种平和的喜悦。反而是出去吃饭，对那些重油重盐都有些不习惯了。

然而，坚持给自己做饭需要足够的毅力。平时工作日，下班到家后可能要六七点钟了。很多时候，我们又累又丧，真的很想随便买点什么或叫个外卖，让自己放松一下。

这时候，我就要咬着牙，坚决吃自己生产的东西。我告诉自己，有点外卖的时间，就可以给自己下一个蔬菜鸡蛋面。若是赶上中午吃多了，晚上就生吃一个西红柿、黄瓜或者水果什么的，再配一片面包，一杯酸奶，也是健康的。（因为我自己皮肤的问题，所以我对饮食要求格外的严格。)

人的惰性就是，你越放任它，它就闹得越凶，你拿着棍子追打它，它就头也不回地跑掉了。

当然，这也与我做饭的方式有关。我的饮食算是中、日、西结合，相比传统意义上的中式做饭程序要简单很多。而且当生活渐渐步入正轨，买菜、洗菜、准备都花不了多长时间。不过，一定要把握好量哦，自己一个人通常吃不了更多的食物。就像我的一个学姐，曾经坚持给自己做饭半年，因为总是做多又舍不得浪费，最后胖了好多。

经常给自己做饭，实质上是你对自己饮食的严格控制，以及对生活的积极和热情。做饭磨炼了我的性情，我常常在做饭时感悟人生的真谛。

坚持一段时间，就真的不觉得累了。

就像那句话说的，“You are what you eat”。千万不要小看饮食对身体的作用。作为一个严重脂溢性皮炎的康复者，我想说，千万不要小看饮食对皮肤的作用。

我的厨房很小，但是我很喜欢在这里忙碌。放着音乐，我的每一道程序都成为生活赐予我的创造艺术的过程。这里台面整洁，摆放有序，没有什么精致的北欧餐具，但是真的很舒适很实用。

在我拥有 dream house 之前，拥有这个实用的 kitchen，给我的生活带来愉悦、健康和宁静。

许个愿，未来，我希望能有一个更宽敞的厨房和一个更完美的空间设计，有一个更大的烤箱和更多的炊具。

（我做饭时经常放的音乐：QQ 音乐里“优柔爵士，曼妙咖啡”这张歌单，里面有 18 首歌，回到家我就打开蓝牙音箱，按顺序播放。）

必须性感

——一百个女人有一百种性感，每个女人都有她独特的方式。
而性感，终是我们活着的姿态。

性感的女人永远有着让人说不完道不尽的魅力。

那么我是性感的吗？你会问。

性感的确是有门槛的——它的门槛就在于，有些人，无论怎样，就是无法性感起来。

所以我到底要怎样才能性感？

女人的性感千姿百态，我们无法凭借语言去囊括它们。

但我敢说，有些东西一定会让我们远离性感。或许，避开它们，你就有望成为一个性感女郎。

关于不性感的种种——

失去自我

一个没有自我的女人是没有魅力的，谈何性感？

2017 年初，我在北京一家和我专业对口的单位实习。很快，我发现我不喜欢那里。并不是因为我和同事之间有什么代沟，办公室里都是女孩，“90 后”为主，基本都是 985 院校毕业的。

我对第一天发生的事情，至今记忆犹新。

那天中午，我和那些女孩们一起到食堂吃饭。那是我人生第一次实习。我以为优秀的她们一定会聊一些很有深度的话题，让我增长见识。

跟随她们拿着盘子去排队，我以为这个时候应该愉快交谈，毕竟对着电脑劳累了一个上午，但她们都在低头刷手机。

她们面无表情，似乎没有交流的欲望。

忽然，其中一个女孩打破了沉寂：

“我昨天刷到×××（某整容女星）的新海报，她那个白裙子好美啊！哎，人家长得美，穿什么都好看。”

我下意识地看了看这个女孩，清秀的眉眼被大大的镜框遮住，微圆的脸庞还存留一丝稚气。

过了一会儿，另一个女孩又说：

“你们看热搜上×××（某男性小鲜肉）在家里做蛋糕那个了吗？这也太可爱了吧……”

又过了一会儿，有一个女孩开始语出不逊：

“×××（某著名女歌手）的衣品真的很差哦，形象气质完全比不上×××（另一个歌手）。”

…… ……

整个午饭时间，她们聊的都是明星们的家长里短。

我觉得我的心被堵住了。也许那时我太年轻，还只是一个19岁的学生。后面的几天，也大概就是这样度过的。偶尔，她们也会换一个话题，比如聊聊电视剧。

半个月以后，实习结束了。我明确地知道，毕业后我不会来这里工作。这里丝毫没有生机，如此青春洋溢的女孩子们，却可以把生活过得如此乏味。我害怕这个地方，我怕它会把我变得和她们一样。

那是我第一次走进北京的高级写字楼，感受工作的氛围。

后来，我经历了更多的实习，最终找到了一份热爱的工作。在工作中，我成长了很多。我对人生的理解和感知逐渐丰满。

我开始慢慢理解那些女孩了，她们选择了用回避自我的方式发泄对生活的无奈和无力。我理解了这一切，我感同身受，但我必须说，我不赞同。

现在，我必须对她们说：

女孩，其实你很美，你可以穿上你想穿的任何漂亮衣服，我保证，会比你那天穿的普通帽衫更美。而且，不要说什么“人家长得美”，因为这不仅不会增加你的魅力，还会让在场的其他女孩们都不舒服。

我还想说，女孩，×××在家里做个蛋糕并不值得你去关注，你想想怎么让自己的生活变得更愉快吧。甚至说，你去关注一下自己住处的窗帘和床单要怎么搭配，可能都比这个来得更有意义。

我更想说，女孩，你的评价很肤浅。你真的应该好好听一听你贬低的这位歌手的音乐作品。她个子虽矮，可艺术造诣却很高。如果她的音乐不能打动你，你更不必浪费你自己的时间去关注她穿什么。

女孩们，你们选择的这种毫无自我可言的放松方式，只会进一步磨损自己，压扁自己。

女孩们，也不要觉得有时候贬低他人就能缓解自己的微不足道，你这样做其实是在对不起自己，因为你本可以把注意力放在自己身上，把自己改造成最好的模样，让自己变得充满吸引力。

诚然，在北京，人与人之间的差距极为悬殊，每个人的“自我”都在被不同程度地消耗。有时候，我们会问自己，每天这样的生活有什么意义？我想说，如果你连自我都丢失了，那的确没有意义了。

当我们开始咀嚼别人的生活以填充自己的宝贵时间，我们就在慢慢地失去自我。这样的我们不带有一丝美感，更谈不上性感。而且，这种状态的我们，很难吸引到任何异性。

这样的我们丢失了自己的名片。

自卑自己的五官和脸型

自卑是性感最大的克星，五官和脸型反倒不是。

整形手术流行起来以后，很多女孩开始对自己的五官和脸型极度不自信了。这真不能怪她们，原本她们都很阳光，也很生动，并没有觉得自己有什么缺陷。后来，慢慢地，她们觉得自己的外貌成了阻碍自己发展的绊脚石。

“我的鼻子不够高。”

“我的下巴不够尖。”

“我的脸盘太大。”

……

“所以，我事业受阻，我无法征服心仪的男性。”

铺天盖地的舆论让女孩们乱了阵脚，今天这个整容女星大红大紫，明天那个整容网红月入百万，后天某个灰姑娘整容成功嫁入豪门……好像不整个一次容，我们都对不起自己的人生发展。

白种人特有的高直的鼻梁和前伸的下巴被强暴地安置在黄种人扁平的面孔上，叫嚣着：这叫美，这叫主流。请问谁看了这些消息会焦虑？我们，或者说，绝大多数年轻的、定力不足的、憧憬未来却和那些人长得不一样的女孩子们，我们有时候会自我怀疑，会焦虑，我们变得不自信了。

曾经有一位整过容的女孩说：“你三观再正，没用，五官正才有用。”

对此，我不敢苟同。

三观正恰恰是最有用的，也是最宝贵的。

一个所谓五官正的女性，如果没有善良的心地，没有友善的目光，没有修为，不懂尊重，仅认为五官正就可以碾压一切，那她将是失败的，无论同性还是异性，都不会喜欢她。

这是一个我身边的例子。

我的初中同学兼老乡雯雯，难得一遇的才女，随口赋诗撰文对她来说就是很简单的事。她写的东西行云流水又充满斗争的力量，像我这样的书她估计写上十本都不费力。她的才气让她看起来灵动、性感。我从不掩饰对她才华的赞许。

大学期间，有一次我去北京看她，她和我说，她想听见别人说她漂亮而不是有才华。

“没错，你的确很漂亮啊。”我说，“人家夸你有才华，是羡慕你具备了多数人没有的东西。”“难道对你的评价就只有‘好看’二字，你就开心了吗，那是在低估你。”

“唉呀，其实我对我的外貌挺没自信的，况且，我还有点缺陷。”

借着傍晚的路灯，我仔细端详着她，柔和的面部曲线搭配着甜美的眼睛，一切都那么刚刚好。

“我真没看出你有什么缺陷。”

“我的鼻头有点大你没看出来吗？”雯雯似乎有些高兴地问。

我再一次仔细端详她，似乎是大了一点点，但是这会对人有什么影响呢？她自己不说，我永远都不会发现。

“别纠结了，你这是在没事找事。”我嘀咕着。

此后，这件事我们都没再提起过。后来的后来，经历过两段失败感情后，雯雯毅然决然地选择缩鼻头。

雯雯的鼻头果然缩小了，也变尖了。好像是“网红鼻”。可是我怎么看都觉得不太协调。她的整张脸好像不能接受这个新鼻子一样。她的面目表情似乎也有些僵硬。

我觉得她没有原来有魅力了。

有时候，上天给你的雕琢或许就是在指引你的人生路线……它是你独有的。你不应该随意地改变它，只为了迎合某种审美。

雯雯缩鼻头后，失去了原本属于她的美。

她独特的气骨，她独特的风采，都有点不那么属于她了。

也有很多人整完容以后的确运势大开，桃花运爆棚，这时她们将这些好运归功于整形医院以及自己敢于动刀的惊人胆识。整完容以后，她们再也不会整天愁眉苦脸地纠结自己哪个部位不够完美了。

其实我倒是觉得，正是这种“不纠结”的心态，给她们带来了好运，而不是眼睛大了，鼻子挺了或者下巴尖了。试想一下，一个人整完容，哪怕她标准得可以用尺子量，但是她的心理依然是畏缩的、疑神疑鬼的，恨不得三两分钟就要照照镜子确认一下自己的美貌是否还存在，这其实早已经远离了美的真谛。

是的，我们这些年追求的“美”早就偏离真正的“美”很远很远了。天赐的独特五官被改造成没有任何辨识度的流水线加工品……一张张没有灵魂的脸，标准得可以拿尺子量，可它却是没有温度的，也绝对不会是性感的——因为性感是有血有肉的。

而那些填满我们闲暇时光的电影、电视剧更是乐此不疲地推崇这些东西——他们拍作品的首要原则就是把男女主的颜值推到顶峰，至于那些本该是作品核心的现实性、思想性、启迪性，他们都可以忽略掉。乃至于很多时候，看完这些作品，我们难忘的不是对生活的启发或生命的感悟，而是主角们绝美的颜。而最最可笑的还是，那种颜，那种呈现在大屏幕上的经过了整容、化妆、十级滤镜之后的容颜，完全不存在于现实生活中，不存在于任何活生生的人的脸上。而这些影视作品达到的效果却是，让更多的女孩内心灰暗、精神枯竭，却以一张整容脸标示着自己的价值。她们终于拥有了和电视里一样完美的脸，但是她们终究失去了美丽、魅力。性感抛弃了她们。

没有人是完美的，性感的人永远不执着于自己的不完美，性感的人接受自己的一切，性感的人不和任何人做比较。

不完美有时候恰恰就是最完美的，在不完美中感受自己是如此的完美。

也，如此的性感。

变老恐惧

真正性感的女人是不会害怕老去的。

周末的一次闺蜜团聚会，和我同龄的小姐妹悄悄问我，女人过了 25 岁胶原蛋白就会快速流失，就很容易老了……你害怕吗？……咱们女人年轻就这么几年啊，赶紧造作吧！

我们多少都会有些害怕。

我们怕失去吸引力，怕男人对自己不屑，怕再也不能恣意畅爽。

尤其在北京这种单身男女比例极度失调的地方。

而且，我想，这种害怕更多的是来自男性的压力吧。

的确，自古以来就有“续弦”“纳妾”的说法，并对女人的年龄有着极为严苛的标准。古代我们就有“二八佳人体似酥”，十六岁的女子就能够“斩愚夫”；而让白居易颇为同情的“老大嫁作商人妇”的琵琶女也不过只是二十多岁。当然，那时候物资匮乏，人们普遍短寿。今天的我们还是很幸运的。

可是现如今，我们还是会听到这样的话："男人无论多大年龄，都喜欢18岁的。"

18岁女孩似乎象征着纯洁，没有性经验，有些男人认为这样的女孩才是干净的。实际上这种想法折射出他们灵魂的枯槁和萎靡。

18岁的女孩通常情况下是不知道怎么散发性感气息的，哪怕她丰满、衣着暴露。

性感是岁月赋予的礼物，它是沧海桑田一瞬间。

只能欣赏18岁女孩的男人，是不懂性感为何物的男人，也是永远性感不起来的男人。这样的男人不配得到女人的性感。他们虚长了年龄，却根本无法感悟生命的厚重。

性感，是对生命深沉的感悟，而后宠辱不惊的态度。

性感并不是年轻人的专利。恰恰相反，性感和年轻无关。穿越悲喜更迭的岁月洗礼的女人（和男人）才是最性感的。

对于年龄的增长，我们能做的就是，不怕、不惧，勇敢地接受它。然后你才能发现，每一年你都在增加不同的光泽，你越来越美了，越来越性感了，你越来越有魅力了。

而怕老，只会让你远离性感，让你丧失本该属于你的，岁月赋予你的魅力，无论你是二十岁、三十岁还是四十岁、五十岁。

“老了”就真的没意思了吗？我不爱听这样的话！如果你所谓的“有意思”只能以年轻为依托，那它并不是真正的“有意思”。事实上，它是幼稚的表现，是对生活没有热爱和信仰的表现，这样的人，不会是性感的，相处久了，只会令人乏味。

随意“碾压”男性

能轻松地和男人愉快相处的女人是性感的。

男人们也需要被关注，尤其是在女人越来越出色的今天，他们更自卑了。因此，他们更注重的是你对他们是否在意，而不是你的美腿或者妆容。

在我身边有一个很普遍的现象，很多女孩子，甚至已经有男朋友了，她们还是毫不避讳甚至夸大其词地表达自己对男性明星（多为大帅哥、小鲜肉）的爱慕和欣赏。好像以此便能凸显出自己的审美是多么卓尔不群，并以此呈现出一种“只有这样的俊男才能入自己的法眼”的心态。

我的建议是，不要发男明星朋友圈，那跟你有什么关系呢？试想一下，如果你对一个男孩有点感兴趣，但是这个男孩觉得某个著名的女演员是世界上最美的女子，整天抱着她的海报管人家叫老婆……你会怎样想？我想你基本上100%不会考虑这个男孩了。你甚至还会在心里暗骂“你这个不要脸的做白日梦的家伙”。

同理，女孩子也是一样。不要在朋友圈大秀你对哪个男明星多么多么喜欢，咱们私底下喜欢就好了嘛。你这样会让暗恋你，或者可能和你产生恋情的男孩统统跑掉哦，这时候真的该考虑下身边男士的感受。

当然，我相信很多女孩是故意这样做的，背后的动机很复杂。我猜想，她们对身边的男性（或男友）有些方面很不满意。或许是那些男孩先去关注了美女，然后女孩才会用这种方式打击报复。

但是，这是徒劳的。倘若你想继续和他相处，你就去改造他，直到你满意为止。否则，你直接离开他。但是千万不要互相“碾压”，这样只会让人因为嫉妒而变得眼睛发绿，一点都不性感了。

你也不要总觉得以一种居高临下的态度漠视男人就会让人觉得你很高贵，你很有魅力。其实不是这样的。一间屋子中，最有魅力的人不是那个被所有人都注意到的人，而是那个能注意到所有人的人。我们要试着做那种能看到所有人的女人。

试着去赞美身边的男人吧，这不会让你低他们一等，反倒他们会觉得你很性感，很有风情。试着发现他们的优点，而不是当着他们的面夸赞和你毫无关联的男明星。

一定不要让男人失去尊严。

我身边还有一些这样的女性，她们在工作中叱咤风云，比男人还能吃苦，她们说的每一句话都掷地有声，她们永远在谈论工作。但是，她们最终也成功地让男人们低着头离去了。

那么我想说，无论你在工作中多么出众，也请不要把你工作时的激进状态带到你休闲的生活中去，特别是与你心仪的男人在一起的时候。你一定要让他感觉到你很需要他（事实上你也真的需要他），而不是让他觉得你更需要你的工作（即便你更需要你的工作）。

万万不可在男人面前风风火火，势不可当，这会把他们吓跑。适当的小鸟依人不会让你失去独立精神，反而会让你得到更多的关爱，让你更有女人味儿，你也因此更加性感。

以上是我个人的感悟，或许能帮助到你，但是你也不要因此被局限。毕竟我的阅历有限，尽管我经常思考。

如何让自己变得性感，除了上面需要克服掉的东西之外，还有些力所能及的，你马上就可以去做的事情：

今天穿什么？这可是一件正事！

读书的时候，家长们总是教育女孩子，千万别把注意力放在穿什么衣服上，这种教育方式，我们暂且不做评价。

那么现在，你步入社会了，你的穿着首当其冲地成为你在人群中的名片。你绝对不可以忽视穿着对你的影响，尤其是在和他人初次相识的时候。

我甚至认为它比化妆还重要。当你不化妆，也就是素颜的时候，你只是脸部略显平淡，人们可能会猜测你最近没有休息好，或者是，你就是想给皮肤透透气（这里我说的素颜，可以是只涂淡淡的口红再画一个眉毛，不打任何粉底液的）。但是当你没有经过分析对比而随意地搭配穿着，甚至看起来完全没有丝毫美感的时候，你给别人留下的印象是失败的。这种情况下，你的着装很可能影响了你的好运。

我们看人，看的是一个整体效应。即便你有着精致的妆容，但你的着装不伦不类，或不加修饰，那么你还是很难散发魅力。相反，个性而舒展的穿搭哪怕是素颜，也会让人心生向往。

而当你画上精致的妆容，再配上很有风格的穿着，你将会很快打动别人。你可以借此轻松地找到性感的状态。

什么样的装扮可以让我们更加性感呢？

先说我自己吧。

我的身高 170 左右，骨架很大，脸盘很大，但是并不胖，体态匀称。我也是在摸索中逐渐找到自己的风格。

在大学期间，我就发现我并不适合过于轻盈感、飘柔感、软萌感的衣服，那些浅黄浅粉丁香紫等浅色系的，或者蝴蝶花小碎花修饰的衣服都不适合我。我也不适合那些上下都很宽松的搭配。

事实上，我转变风格的过程还是充满着斗争的。这源于我的母亲。她很喜欢一个叫“淑女屋”的牌子，这家的衣服就如同它的名字一样，非常非常淑女。母亲经常在打折的时候买来一批，再分给我几件。我感谢她培养我要注重穿衣的意识，但是我渐渐发现这些衣服已经不再适合我了。

有一次她给我找了件白色飞边衬衫，和一条轻薄的纱织面料长裙，告诉我女孩子就应该这么穿。可当我穿好站在镜子前的时候，我决定再也不会听从她的建议了。我们大吵了一架。那时候我应该是 19 岁。

有的人可能觉得我小题大做了。我来说说我坚决抵制这种风格的原因——这种风格的装扮的确会让一些女孩子更加甜美、隽秀，静如处子，动如脱兔。但是，可惜，它却不能带给我这些感觉，反倒是让我变得东施效颦。因为它没有展示出我本人的优势，我的身体和面庞完全不能和那套衣服相融，也根本无法展示它本来想呈现出的淑女风格。只能看到我的大骨架，和那张过于饱满的脸，我的精神面貌全然不在。并且，我一点也不性感了。

同样一个我，穿着不同的衣服，可以像模特一样迷人，也可以瞬间变成一个傻大个。那套衣服就让我变成了傻大个。（当然这些是我渐渐觉悟到的，当年只是觉得那套衣服让我很气愤。）

大家可能还不太相信，但真的是这样，个高的女孩穿着不合适的衣服，比个矮的女孩更可怕。可能是个高本身就很醒目，所以稍稍不合宜的穿着都会被放大，看起来傻傻的，闷闷的。

当我彻底认清这件事的时候，我更加知道哪些衣服一定不能穿，哪些衣服会凸显我的优点。

我的经验告诉我，

上衣尽量不穿特别宽大的，除非下面露出双腿；

上下身不要同时着紧身的，最好上紧下松；

露肩或坎袖是很惊艳的，但是不要同时露腿；

吊带紧身长裙很有味道，黑色最佳；

上下身颜色统一会更加英气；

穿上套装很霸气；

只要细跟的高跟鞋；

衣服简单比复杂好；

穿长裙的时候一定佩戴复杂的首饰；

尽量披头（穿运动装时除外）。

以上这些只是我个人的心得，对我而言屡试不爽。

身边有些朋友的着装让我觉得她们其实应该有很大的改进空间，请原谅当时我没有直接说出来。

一位脸盘很小，身材也很瘦弱但是个子很高的女孩，穿着一件波西米亚风的宽松长裙，并带着同样异域风情的耳坠，却盘着头，并且把头发梳得精光，看起来发量很少。我的想法是，你的衣服和耳环都很棒，但是你应该把头发披下来，再烫个大波浪，这样能修饰你的脸部，还可以让人忽视你扁平的胸部和消瘦的肩膀。

另一位身材圆润，高挑，体态丰满的女孩子，有着一头厚长的黑发，可有一天，我在聚会中遇见她的时候，她穿着一件宽松的，过膝的长款连衣裙，脚下穿着坡跟厚底松糕皮鞋，外面配了一件同样过膝的长款羽绒服。她那天是盘着头。我不得不说，这样的一套装扮下来，她的魅力减半了。优美的曲线无法展示出来，反而一双粗壮的小腿非常醒目。当她向我走来时，我看到一个庞大的女性……可是她本可以通过修身的衣服以及细跟高跟鞋把自己打造成《西西里的美丽传说》里面的玛莲娜。电影里玛莲娜的服饰值得所有高挑而又丰满的女人借鉴。因为，高挑而又丰满的女人实在太难穿衣服了！

还有一位个子较矮，胖瘦正好的女孩。我常常能看见她。她总是穿着中规中矩的衣服，梳着中规中矩的头发。即使有一次她穿着修身型的衣服，可能想略微地展示一下曲线（其实她的曲线很优美），可还是显得那么拘谨，放不开，还是那么中规中矩。我想，也许她正在为自己的身高而不自信，因为不自信，所以她不敢尝试任何略带风格和较为夸张的服饰。我认为，这种思维正好弄反了。我见过一个小个子女孩挑战过各种穿法，她的穿法甚至比标准身高的女性还要多很多，每一种她都可以驾驭。比如，她会穿 blingbling 的衣服，她会穿领口和袖口都很夸张的风衣或衬衫，她也会时常穿一些 OL 套装。她就像一个小号的超模。总之，她穿得很精致，甚至花里胡哨，但是她绝不同时暴露太多的身体部位（有时对于矮个子女孩，同时暴露太多的身体部位容易看起来更加小只）。这个穿衣小天才般的女孩告诉我们一件事：小个子女孩的穿衣往往蕴藏着更大的潜能。

总之，谁应该穿什么衣服，还是要在个人不断尝试中去寻找和定位，我就给出几个小建议吧，送给曾经对穿搭不感冒的女孩。

✓一定要因地制宜。

一套完美的衣服可以把自身的优势最大化地展示出来，并把不完美的地方巧妙地隐藏起来。每个女人都有她独特的美，不可复制也不可攀比。只要你凸显你的那个优势，你就是最性感的女郎。

✓没必要跟风。

就算是今年最火爆的款式、满大街都在穿，你也要看看它到底适不适合你（即能否凸显你的美）。历史总在重演，经典永不淘汰。

✓多看看别人穿衣。

可以是搭配博主，也可以是身边的同事、朋友。（特别关注和你同身材的女性）多多汲取精华，同时也培养对搭配的感觉。

✓肤色不影响你尝试各种颜色的衣服。

你的肤色就是最美的肤色。没有哪件衣服是专门为白皮、黄皮或黑皮特制的。你要注意的是，你的衣服、鞋子和首饰（甚至发饰、口红）之间的颜色搭配是否协调。

✓一定要有几双不同颜色的高跟鞋。

合适的鞋子很难遇，碰到了，经济也允许，就别犹豫啦。高跟鞋是女人永恒的经典，绝对是性感的符号。

其实，我们女孩都比男孩长得好看些，只要注意打扮，衣着得体，举止礼貌有度，善良真诚，你的样子一定是最美最性感的。

琢磨穿搭不会浪费你太多的时间。当你已经完全培养出"衣感"的时候，衣服放在你眼前，不用试穿，你也能想象出你穿上它的样子。这时候你手中无剑，心中也无剑了。你可以用最短的时间，随时找到你需要的风格。

穿衣和化妆大同小异，实质上都是在为我们扬长避短。穿衣更是一门艺术，对待它，你要更加细心，请带着愉悦的心情去雕琢它吧。

说话的声音要有磁性！

女人的声音像是乐器，带着旋律，就看你能否调试出属于自己的曲调。

为什么一定要有一个好的声音？未见其人，先闻其声。好的声音让人身心愉悦，不好的声音让耳朵难受。

每个人天生的嗓音条件是不同的，世界上找不到两片相同的叶子，也找不到两个一模一样的声带，这是先天条件的差异。而后天的差异在于，多民族融合的庞大版图下的祖国东西南北的腔调差异。可以说，一个东北人和一个广东人的发声着力点绝对不一样。

当然，说话好听的人，不受任何地域限制。

并且，声音，是可以修炼的，先天的不足也可以通过后天来改进。

我有一些发声小技巧，或许能帮助到你：

1. 搭上气息

气息是很神奇的东西，正是它，给歌手们带来异于常人的声音和能量。所以，你会发现，歌手们说话也很好听，因为气息的运用已经融入了他们的生活中。

怎么能找到气息呢？我们在咳嗽时，小腹不自觉地收紧了。这就是运作气的一种状态，这时候我们的气息是沉下来的。当气息沉下来时，我们就可以较为自如地控制音量的大小，这就是传说中的“说话有底气”。

有时候，在你特别紧张时，你会发现，你很难“控制”住自己的声音，那是因为，紧张让你的气息“浮上来了”。

有几个小方法可以帮助我们把气息沉下来，并保持这种状态：

①搬一件沉重的物品，你用力的地方（腰腹）就是你发声

的地方。

②尝试用腰腹发力，做辅音练习“P（坡）T（特）K（科）”。

③尝试使用腹式呼吸，吸气时（用鼻子吸）小腹逐渐隆起，呼气时，小腹收回，胸部始终放松。这也是瑜伽的一种呼吸方法。

2. 利用各种共鸣腔美化声音

我们有头腔、鼻腔、胸腔、口腔，你会发现，说话好听的人，都在运用至少一个共鸣腔。南方人天生头腔好，北方人天生胸腔好。

头腔和胸腔是我们常用的共鸣腔，这两个腔体美化声音的功效很大。

如果你的音调很高，你想降低它，你可以把你的胸腔想象成一个音箱，你在那里面说话，你的声音就有胸腔共鸣了。

如果你的音调很低，你想提高它，你可以把你的发声点（或是着力点）提到颧骨和眉毛之间，想象自己的声音从那个区间里发出来，你的声音就有头腔共鸣了。

如果，你还是找不到头腔共鸣，你可以尝试，说“嗯?”，好像在发问一样。你会感受到头腔（或鼻腔）在震动，这就是高位置，你已经用上头腔了，你的每个字都要在那里发出。或者，你还可以想象面前有一个面罩，你每次说话面罩都会震动。

无论怎样，你都要自信地发出声音。自信的时候，你自然气沉丹田，你的声音磁性又性感。

但是，仅仅是声音好听，是不够的。你说话的内容、内涵，是否包含善意，等等，更为重要。如果你用词尖刻，就算是再动听的声音，也不会打动别人……

性感的女人，永远用性感的声音，感染每一个人。

最后我要说：

如果你竭尽所能去做一个完美的自己，性感的自己，但还是不能打动某些人，那不是你的问题。那些人就不是你生命中应该遇到的人。不用因此而懊恼，你仍然是最具风采的你，他们读不懂你的性感，就不配拥有你的美。

永远记住：性感的女人拥有更多的机会，性感是女人最强大的武器。

抉择与出击

——但不管怎样，我们应当承认，我们需要得到，一份，来自真挚而有情有义的男人，的爱。

当我问身边众多单身女性为何单身的时候，她们的回答几乎如出一辙，

“我太忙了，没时间谈恋爱。”

“太难遇了。”

“还是先把自己过好吧。”

……

事实上，我们真的忙到没空找男人的地步了吗？

曾经一位拥有过短暂婚姻（但没有孩子）的女性对我说：“我们这些情况相似的女性大都这样认为，我们有自己舒适的圈子，有事业，有朋友，有娱乐项目……我们不需要男人为我们

提供这些。所以，对于男人，你也不能要求我为你提供这些。”

不得不说，当一个女人自给自足，有吃有喝的时候，她的确不需要一个几乎什么都不能给她带来的男性。那么暂时还做不到自给自足的女性呢？她们则一边忙着实现自给自足，一边寄希望于找到一个能够帮助她们实现自给自足的男性（而这似乎越来越难）。同时，她们更不需要一个几乎什么都不能给她们带来的男性。

然而，在北京，尤其是在北京，许多男性的确是几乎什么都不能给女性带来，无论是情绪价值还是物质基础。

在北京，女人自己成了自己的护花使者。

但是，有一点无法改变，女性终究需要男性，至少在她一生当中的某一个或某几个时间段里。

很多时候，我们并没有意识到，甚至我们并不会承认，我们需要男人。很多时候，当我们意识到了，我们需要男人，但是这种想法更令我们手足无措。

我认识一些这样的女性，她们的生活和故事或许能让我们深度思考一下这个问题：在男人的问题上，我们将如何抉择。

风韵熟女的抉择

娅婕 39 岁，高高的个子，骨感的身材，她的气质时而缥缈温婉，时而霸气性感，但多数时候，她是一个冰美人。她是一个出色的音乐人，自己作词编曲，自己演唱，曲风复古而摩登。她的作品多次登上华语金曲榜。她还是一个舞者和音乐剧导演。

在常人眼中，娅婕的事业已到达了一定的高峰。但她自己却不这样认为。

早年间，娅婕谈过几次恋爱，对方应该都是很杰出的男性。我见过其中的两位。

一位是和她同龄的男高音歌唱家，大约二十年前，他们就是很好的朋友，有相似的追求和理想。当年，这个英俊的小伙子苦追了娅婕很久……但他们没有走到一起。我猜想，大概是娅婕志向高远的缘故吧。

另一位是大她十几岁的、身兼数职的、多个行业的专家。这位男士的人生阅历有着非凡的深度和广度，他仿佛有分身术一般，在不同领域中均获得成功。他目前仍是离异状态，他说他和娅婕一样，为了事业放弃了很多东西。他们俩应该算是志同道合的一对，但是他们还是没有走到一起。据我观察，这位男士思维跳跃，自由不羁，无论是穿着还是语言，都像年轻男孩们一样。我猜想，这些，或许是娅婕驾驭不了的东西。

娅婕女人味儿十足的轮廓也难以掩盖她强硬的个性，这也许是造成她没有和他们中的任何一个走到最后的原因。

现在的娅婕皈依佛门，过着严苛的食素生活。但是她从未停止过工作。她对事业的热情永远是高涨的。现在她的身边仍不乏男性追求者，包括很多比她年轻的男孩子。她总说，自己是为事业“献身”的女人，她觉得她和意中人的缘分还没到。

那么什么时候算是缘分到了呢？

我知道娅婕现在也想要一个孩子了。她的朋友建议她去精子库挑选……那里的精子质量上乘，还可以提前设定孩子的肤色，瞳孔颜色。精子库的发明的确是伟大的，这让女性突破了独身的最后一道防线，真正实现了不需要男性也可以拥有完整的一生。

但娅婕在这方面的观点较为传统，“自己的确是拥有了完整的一生，可是孩子没有，孩子没有爸爸就不可能拥有完整的一生”。

让娅婕举棋不定的原因还有一个，她觉得事业还没有到达顶峰（或者她想要的高度）。

这或许就是对女性群体的一种残酷。

北京这里，大量的，像娅婕这样的优秀女性，渴望孩子，却还在等待事业的新阶段，徘徊在生育期的边缘，承担着或将无法拥有孩子的痛苦。

她们有着和男人一样的竞争力和机遇，她们前方上升的路径依然明晰。而怀孕，对于她们来说，将不可避免地意味着女人或多或少地主动放弃了自身的机遇。

在这个问题上，女人和男人永远无法做到真正的平等。

而时间永远在继续前行，更不会倾斜一点多给女性。

我知道娅婕一定是一个优秀的、合格的母亲。

茹美刚刚步入四十岁。她有一张无可挑剔的面庞，美艳，妖娆，年轻得难以置信。七年前，她带着女儿离开了丈夫（因为男方的一些不可饶恕的错误），成为单亲母亲，同时也因此分得了几套大房子。以今天的房价估值，她算是很富有了，即便在北京这样的地方。

自打离婚后，茹美的追求者无数，她也开始了自己的创业道路。她先后运作或加盟了很多生意，虽然她已经富足到今生不用再赚钱也可以生活得很好的地步了，但是她总觉得，她的价值不止于此，她要像成功男人那样生活，在京城占据一席之地。

当然，她也始终需要一份感情，她是一个单身女人。

在曲折坎坷的创业中，在寻找商机的过程中，茹美遇到过太多太多的男人……已婚的，未婚的，同龄的，年长的，年少的……她穿梭在他们当中，他们的绝大多数总会向她投以爱慕，或热烈的追求。

茹美更喜欢和一些有权势、有财富的男人交往，虽然她根本不差钱。她想和他们当中的某一个，建立起一段较为长久的感情。但是那些男人，感情对于他们来讲，是某种负担。但茹美却多希望，那是爱情，又或者说，一种永恒的温情。

花花绿绿的男人来了又去，如同五彩缤纷的肥皂泡，在空气中，停留半秒，而后消失。一切化为过眼云烟。

直到最后，那些男人身边又有了，更多的女人，和年轻女孩。

她也知道了，这些本就算不上什么恋爱。

但是，她还是希望，至少，能够得到有权势、有财富的男人的注目与帮助。

可是，那些人又会帮助她多少呢？

最后，那些男人，她曾经的男人，以一种极其狂傲的口吻炫耀和她曾经的故事。

她也因此伤痕累累，她痛苦地生活着。

有一次，我和她说："只要有一个真心爱你的男人就够了。"

她说："就是这么一个男人，在北京却很难找到。"

真的是这样吗？

当一个人长时间待在一个错误的环境中，痛苦，却还想融入，同化，最终，这个人已然不知道什么是对的了。

"男人在外面有小三小四，甚至去嫖，只要他还认识回家的路，就行。"这是茹美在一次公开场合表达的观点。

不知道她的这一标准是针对她的"前夫"而定的，还是给她未来的爱人而定的。但是，对男人有着如此之低的标准的她，依然没有找到一个男人。

很显然，在男人的问题上，茹美迷失了选择方向。

她忘记了善待自己，却一而再再而三地包容了那些不值得被包容的男人们。甚至，明知道他们和她只是一场场虚无的欢愉，但她仍然充满祈望。

龌龊无情的男人，纵使他的财富再庞大，他的地位再显赫，我们也不需要他。

我们要永远记住，我们所付出的一切努力，是为了让自己快乐和幸福。

不用屈辱于任何让你不舒服的男人——你的价值不取决于别人的认知，你的价值更不取决于那些男人。你的价值是你自己，你自己的努力，你自己脚下的土地。

这才是让你真正为之幸福的东西。

梦希 36 岁，出生在云南一个艺术世家。她非常美丽，看到她，就仿佛看到大理的云……让人无法忘记的一双眼睛，透着一些忧郁。她的衣物首饰都是大多数人在市面上淘不到的，在她的搭配之下，每每让人惊奇。而她的发型也会随着服饰的不同而各呈异彩。

她很少有那种对同性，或者是年轻女性的嫉妒。

她也很少对异性深情款款。

她的言谈仿佛让人感受不出她的性别，这与她迷人的女性外表形成巨大的反差。

在我和她的几次见面中，她都是一直谈论工作，除了工作还是工作。

梦希在娱乐行业，主要运营自媒体和广告。她曾经经历过一次失败的恋爱，并再也没有开启新的恋情。当我问她为什么的时候，她说，“我整天忙得都没有时间睡觉”。

梦希认为男人都是低级动物，他们无论事业有多么成功，思维始终是浅薄的。她觉得男人不尊重弱势的女人，尤其在北京这种地方。

所以梦希拼命地干事业，不分昼夜。

可能是她看惯了京圈特有的爱情游戏，名利场上男人们频繁换女伴的场面，她厌倦了。

“谁让你活在烂北京呢？”一次她开玩笑地说道。

不知道她年龄的人，打眼一看，以为她还不到三十岁。

工作仿佛成了梦希生命的全部意义，纵使有时候她觉得很累很累。

“艺术家就是这样，我们最不顾忌的就是什么等级尊卑，我们也不懂得什么生存之道，我们就是一群纯粹玩艺术的人。”

梦希神情超然地这样说道。

她觉得自己已经不需要男人的爱慕了。

想到梦希的时候，我感到遗憾，我心里挺难受的。

酒绿灯红的花花世界令她感到光怪陆离，而她也在这光怪陆离中蹉跎了岁月……当一个人长期浸泡在一种环境里，而这个环境给她带来的都是一些不阳光的、她所不能接受的东西的时候，她就再也不相信会有好男人的存在了。

梦希心中也一直徘徊着恐惧——无法面对失败感情的恐惧。

她唯一的一次恋爱，刻骨铭心，难以忘怀，却因为男方经常发作的躁郁症，不得不了结。

因为害怕受伤，所以索性不去经历，把心底的真实渴望深藏在黑暗中。

她用坚强的外壳裹住自己。可外壳之下，是一个受伤的身体和破碎的心灵。

梦希睡得极晚，睡得极少……每次月经期都要忍受巨大的痛苦……说起话来，嗓子总是沙哑的。

种种迹象表明，她的生活需要改变了。或许是调整作息、饮食，或许是减轻工作，或许，是找个男人。

梦希值得拥有一份爱。只不过，她暂时忘记了。

那么，以上三位熟女，她们已经经历了一个人生命中可能发生的较精彩的部分。

而下面的女孩儿们，她们面对的境况，我更要急切地书写下来，我不想耽误一分一刻。

母胎单身娃的出击

子珏26岁，个子偏矮，面容姣好，在体制内的事业单位做基层工作。她在大学里没谈过恋爱，来到北京后也一直没遇到任何男孩。所以她现在还是母胎单身。她性格温和，保守，不大会主动找人攀谈。子珏单位男性极少，所以她很难在办公室遇到良缘，并且每天在交通上花掉的时间，消耗了她很多精力。

在我问她为什么不去谈一个男朋友的时候，她的回答是："我每天太累了，没时间去处理感情那些麻烦事。"

显然，子珏对谈恋爱不感兴趣，或者说，在她还没有遇到中意男孩的时候，她给自己一个说法，或者是给自己找一个平衡点——还是去忙工作和生活更有意义。

我还遇到过几个和子珏情况类似的女孩（至少从正式工作起单身三年以上），在我们聊到单身这个问题并探讨了单身状态下的孤独和空虚的时候，她们都表示并不着急，没有合适的，就一直单着呗，也没什么不好的。

可是她们的眼神中混合着躲闪，难过，却想要表现出一种要强。

没过多久，我就听说她们陆续交往了男朋友。

我真为她们感到高兴。

在北京的单身女孩中（三十岁以下居多），像子珏这样的“母胎单身”不占少数。母胎单身这个身份给女孩们带来了更多的压力。大学期间，她们就敌不过那些主动争取感情的女孩。而后参加工作，社会上林林总总的暧昧关系，更是冲击了她们纯净的心灵，停止了她们追求恋爱的脚步。

恋爱经验为零的她们，在单身男女比例极度失调的北京，将更难争取到恋情。

随着年龄的增长，试错成本的变大，她们寄希望于一次就碰到那个对的人，但这几乎是不太可能的。

让我们再看看更多的母胎单身的女孩，看看她们的意识形态。

北京女孩爱思，28 岁，形象清秀，和父母住在一起，目前在大型国企担任初级 leader。她的父母也是上班族。

现在，爱思的家人频繁地给她介绍对象，但是她不太配合，她说她自己比较消极。

爱思在大学期间有被男孩子追求过，但是她对男孩不感兴趣。爱思也从来没有追过别人。

“闲下来正好有时间干点儿自己喜欢的事，没那么多时间去维护异性关系，因为也没有指望着靠找对象改善生活或者改变社会阶层。”在我问她现在是否因为单身而寂寞的时候，她这样说。

爱思下班回家喜欢看一些综艺节目，或是音乐类的，或是智力类的。她偶尔也看点儿动画或者追剧，玩一点点游戏。她还喜欢画画。有时候兴起了也想学个乐器，或者学点语言。回到家里，躺着玩手机或者撸猫就是她的放松和消遣。

“反正就是想干的事都干不完。我属于求知欲比较旺盛的人。”

爱思的父母倒是很替她着急，怕以后年纪大了，没人照顾爱思。但是爱思不那么想，她觉得只要有钱，就没什么可愁的。

“现在就配合爸妈吧，介绍谁就先加上微信，反正我也不会主动约见面的。”爱思以这样的形式应付着父母。

“谈恋爱就该趁上学时候谈，上了班当社畜史没兴趣谈恋爱了。”

“而且现在社会新闻太多了，我对婚恋生活也不抱什么希望，主要是对男性不抱啥希望。我觉得很多男性容易受雄性激素的支配，当然这也是生理上的事实。看看各种家暴的、出轨的，我觉得一部分人的人性是经不住考验的。有些人的道德观念=0。”

当我问到性的问题如何解决的时候，她说，“性生活的方式多种多样吧，只能说，我可能是有点看破红尘。”

我问她喜欢什么样的男孩，她说，“长得清秀一点，比较聪明的，有点学识那种。最重要的是单纯点，不猥琐。”

“现在男的都把自己当宝贝，都等女孩倒追。再就是他自己也没有急到不行，也可能试试觉得自己没戏就撤了。”

“我觉得遇到一个好的人，那属于锦上添花。我也不指望找一个人给我雪中送炭，目前看那不是必需品。现在活得还挺舒服的。就是父母心里不舒服，他们觉得30以后就嫁不出去了。”

“嗨，嫁不出去又不是就世界末日了。”

“人也不是为了结婚才生下来，自己活得舒服就行，怎么着心理上没负担。要是觉得找对象之后压力大于快乐那就不必逼自己。”

“我觉得除非很幸运地找到个俩人互相怎么看怎么顺眼的，

各方面都合得来的，否则结婚就是自己给自己添堵。”

“人活几十年干吗凑合。”

跟爱思聊过以后，我思考了很久，我仿佛觉得她的观点无懈可击。她并没有因为没有男朋友而空虚寂寞，无所事事……甚至，还觉得她这种状态也蛮不错的。

但是当我再一次深度回味她的叙述时，有一点我是略带疑惑的，爱思是因为充实忙碌安于现状而选择独身，还是因为不知如何脱离独身而选择忙碌充实，选择安于现状？这让我无法下结论。

但是我的直觉告诉我，拥有一段恋情会让爱思的生活更充实，更美好。

一凡，23岁，标志大众美人，在某部委下属企业底层做资料管理，母亲经常来北京探望她。

一凡是我见过五官最符合当今医美所有标准的女孩，但是她从未整过容。

从小到大，一凡没有被男生追求过，她有时候并不觉得自己很漂亮。

“我觉得现在好看女生太多了，我觉得我自己真的一般，现在网上随便抓一个都是美女。”

大学期间，一个校外的男性试图勾引一凡，但是当她知道他已经结婚并有了孩子的时候，便和他在暧昧期止步了。

“现在身边的同事差不多也是有对象的。”

“我目前也不太需要爱情，不是因为工作忙。”

“我觉得自己的状态还好，现在女生也不一定就一定要有男朋友，自己如果能开心快乐也挺好。”

我问她有没有觉得亏了？包括没有恋情和性生活。

她说：“我从来没遇到那个人，所以就还是处女啊，也不觉得亏吧，宁缺毋滥呗。而且我没有性要求，我不会饥渴到那种地步，我才 23 岁。”

“要么就找一个好男生，要么还不如不谈恋爱。”

她坚定地说。

那要是一直没有你心中的“好男孩”怎么办？

“我可以追星啊，毕竟我的理想型一定是我喜欢的明星那种。”

“现在男生不知道为什么，一个个都那么矮，还不爱干净，性格也没意思，然后还大男子主义。”

“处一堆渣男还不如慢慢地等一个好男孩。我就这么想，所以就不会着急。”

“那你呢？你会因为没有恋爱而焦虑吗？”

一凡最后反问我。

我了解的一凡，高中时就是一个追星女孩。我身边还有很多类似的女孩，追星是她们生活中最狂热的事，但这会引起不少问题——有时候女孩们甚至无法区分现实与理想，而这，极大地消减了女孩们在现实生活中与异性交往的兴趣。

琪琪，33 岁，博士毕业，大学讲师，学术型淑女，钢琴水平高超，单亲家庭跟随母亲长大（母亲是事业型女强人），目前独自北漂。

琪琪 2011 年曾遇到过一位男士，当时似乎觉得是爱情到了，也曾想过奔着结婚去相处，但最后两个人都还是觉得不合适。

我问她这么多年单身会不会很孤单，她说，“单身其实还好，不会觉得孤独。我是个比较喜欢安静的人，一个人的时候，时间和环境允许我去思考，阅读，深刻感知周围的人和事。”

“而且我倒是有很多事情要做，比如看书、锻炼，没事写些东西什么的。平时会和妈妈每天语音，偶尔视频。”

“对于那段未开启的恋爱，你后悔吗？”我说。

“恋爱固然是一件美好的事情，但不合适还是要放弃的，这样对彼此都好。现在想起来，也不后悔当时的选择，并不为最后没有走到一起而遗憾，享受过程就好。”

“我这个回答好像有点佛系了。”

“其实任何一种选择都不完美，享受当下的生活就好。如果有缘分，也不会刻意躲避，但也不会去做太主动的事情。顺其自然，老天自有安排。”

“你的性经历一直是空白吗？”我想我一定要问问。

“是的，我没有性经历，哈哈，我可能是个奇怪的存在。”

“我可能比较保守，结婚以后会考虑性生活吧。婚前，还是希望能有点自我保护意识。”

“男性年龄比我小的不大会考虑。同龄或者大 8 岁以内的，都可以接受。我觉得，男人成熟比较晚，姐弟恋，会让女人不自觉地扮演母亲的角色。我不大能接受。”

“虽然说，自己很独立了，不需要谁去照顾，但也希望对方是个独立的人。”

“我这个年龄了，二婚的男性可以接受，但是有孩子的不能接受，太累了，而且矛盾会很多。”

“我可能是因为承担过了很多事情，什么都自己扛，习惯了，所以，也不大有想让人照顾的心思，比较独来独往。”

“如果遇不到的话，我觉得一个人就好了，本来这辈子就是一个人来，一个人去，尘归尘，土归土，挺好的。”

琪琪或许是被学业耽搁了恋爱，也或许，是原生家庭对她的影响。

她每天平静地生活着，工作，弹琴，写作，运动。

琪琪好像一个气定神闲的武林隐士，充满感恩地享受每一天，享受大自然的馈赠。

在北京，有这样两种女性，不禁让人唏嘘，她们就是历尽沧桑但依然对自己有着严苛标准的熟女，和到了（甚至过了）年龄却迟迟不敢开启恋爱的母胎单身娃。

而同比之下，后者，也就是母胎单身的女性对完美男性的渴望度更高，因为她们一直在等待，从不妥协。

她们都守着一个信念，“没有合适的，就坚决不开启”。

“我的初恋一定要完美。”她们心中是这样想的。不过我不得不说，请放弃这种执念吧，初恋往往像是青涩的苹果，一口咬下去还带点苦味。

“我单身了这么多年，都已经等到今天了，也不怕再等等了。”她们又或是这样说。

你确实不怕等，但你没法确认你什么时候能等得到，是一年，三年，还是五年？

最终，没有任何东西能够为你逝去的青春买单。

……

所以，你要去经历，一定要去经历。

无论它是苦辣酸甜，无论它是甜美的，或是糟糕的，甚至你被欺骗了，你被抛弃了……不管怎样，它都会让你成长。而且，这种成长是你单凭社会经历和工作经验无法架构起来的。你一定要恋爱，因为从中你会学着如何去包容别人，你也因此变得富有女性魅力。

有的时候，你需要诚实而勇敢地表露你的愿望，你需要一个男人，你需要为此而出击。

你并不会因此而被人嘲笑，也不会有任何一个人给你下一个结论——你既然渴望恋情，却还是单身，那么说明没有男人看上你，你很可怜。

事实上，没有人会如此在意你。

承认你的愿望，对你“百利而无一害”。你会因此得到更多的关爱和帮助——亲朋好友会想办法为你创造机会，帮你结识更多的男性。而在这个过程中，你很可能遇到你的真爱。

至少有一点我敢肯定，在不远处一定有一个男人是属于你的，他不完美，但对你来说已经足够了。

不要慌，自己在脑中过滤一遍你认识的人……

不必害羞，明目张胆地告诉别人，你需要帮忙……

不要怕浪费时间，我相信你刷手机的时间合起来就足够一周安排一场约会了……

不用因为N次失败的约会就彻底丧失信心，也许第N+1次，你就遇到了你想要的他。

或许，我们还可以在北京之外的其他地方寻找优秀的男孩子？

我也曾是一个母胎单身娃，但是我的直觉告诉我，要尽快走出去，改变这种状态。

我和我更多的朋友都是这样，这也确定了，从绝大程度上来讲，是正确的。

请快速脱离母胎单身吧，你的人生值得你去享受。

爱自己的N种方式

——爱自己，是终生浪漫的开始。拥有身体和心灵的宁静，是爱自己的开始。

养生让我获得了身体和心灵的宁静，它也是我北京生活的头等大事。

有人问我，小小年纪有必要养生吗？我说有，非常有必要。

特别是在北京。在这里，我们拥有更多的机会，这毋庸置疑，但我们的身体也因此更容易遭到损耗，毕竟北漂们精神和肉体的劳累稳居全国第一。

那么我是怎么在小小年纪就觉悟出养生来的呢？或许与我的经历有关。

我小时候算是身体素质比较好的小孩，每天晚上都和小区里的小伙伴们撒欢，一跑就是一晚上。除了六岁的时候做过阑尾炎手术，其他的小病小灾都不怎么去医院。经常在户外活动，我的皮肤晒得黑黑的。幼儿园和小学时，我经常因为吃饭吃得好被表扬。

直到初中我去沈阳以后，我的身体发生了一些变化。

人们普遍认为，只要是东北，气候就是一样的。其实从沈阳开始向北的地方，才是真正意义上的东北高寒气候。

气候的不适加上青春期，我脸上的痤疮一度泛滥成灾。当时我并没有找到好的治疗方法……我曾经用含激素的药，在睡前厚厚地涂了满脸……也去过一家专门治痘痘的全国连锁店定期排痘（他们的治疗就是用手挤出痘根，每次做完脸都会肿一天）……越治越重，后来很多年我的脸上都是红红的，一受冻就紫紫的。这让我在花季少女的时代吃尽了苦头。

离开沈阳上了大学以后，痤疮不再那么大爆发了，但是肤色不均、痘坑深、异常敏感……敏感到什么程度呢？一个不小心冻着了、晒着了、化个淡妆，甚至是夏天进入空调房，都可以让我的脸瞬间变得通红。最可怕的是，涂一个正常的保湿霜，脸都会立马肿胀起来。

直到大二去了协和医院，人家告诉我，这叫脂溢性皮炎，能好，但没特殊的办法，只能是“保护+硬扛”。

我随后通过自己独创的方式找到了最快的治愈方案，现在我基本已经好了，并也因此获得了意外收获，我的皮肤状态居然比同龄人还年轻。

高三那一年复习高考，我的体重增长了近三十斤（最高体重 137 斤），后来我用了一年时间恢复了正常体重（108 斤）。我尝试了各种方法，还因过度节食晕倒了两次，同时又引发心律不齐，一度觉得呼吸困难。对了，月经也失调了半年，同时因为严重营养不良掉了大量头发和眉毛。

大三那年，我抑郁了大半年，经历了一段严重失眠的日子，曾经一个晚上吃两种安眠药都无法入睡。后来我通过瑜伽和调整心理治愈失眠。我也因此爱上了瑜伽，它让我获得了身体和精神的平衡，力量和柔软的统一。

……

经历了这些以后，我自己成为自己的医生，我逐渐地调整自己，我知道什么都没有健康重要。在寻找健康的路上，我收获了很多心得，甚至比我年纪大的人都叫我“养生大师”。现在我把我所有的经验教训，以及养生感悟分享给大家。

这也是我爱自己的——N 种方式。

1. 尊重你的最佳睡眠时长

每个人的最佳睡眠时间都不一样，有的人睡六个小时就精神焕发，有的人则需要八小时以上。你需要做的就是尊重它，不要让自己少睡，也不要强迫自己多睡。如果你必须早起，那就把时间往前推，一定在固定时间入睡，保证睡眠时长。在睡前，轻柔地对自己说："睡觉吧，该——睡——觉——了——"

2. 接受失眠

接受失眠就不会失眠。我用了半年时间践行了这句话。

2018 年春天，我突然开始后半夜醒来再也无法入睡；严重时整宿睡不着。我失眠的成因很搞笑，脂溢性皮炎的修复需要充足的睡眠，为了让皮肤尽快好起来，我必须多睡觉。可是突然有一天，我半夜醒来了，异常清醒，两个小时都无法入睡。从那天开始，我惊恐了：睡不好就意味着脂溢性皮炎无法得到恢复。接着，越惊恐，越是在后半夜醒来睡不着；越睡不着，越惊恐。这样下去我的脸岂不是永远都不能好了？于是失眠彻底爆发。

惊恐而愤怒的我开始尝试安眠药，我心里也知道，服用安眠药可能会加剧神经衰弱。但是，我一心只想着睡觉，睡觉，睡觉！只有睡觉了，我的脸才能好，我的生活才有救！于是，我从开始的一片，变成两片，最后疯狂地一次吃两种。我尝试过四种安眠药，可最后它们都无法帮到我了。每当夜幕降临，等待我的是残酷的审判。

彻底绝望的我去了朋友推荐的瑜伽集中营，在那里，我开始了人生中最高强度的体能训练。几天之后，肉体的疲劳似乎赶走了我的惊恐和僵硬，那时候半夜还会醒来，但是能接着入睡了。我开始有点“醒悟”了，一段时间睡不好不代表你永远失去睡觉能力。我逐渐摆脱了“恐惧”笼罩的状态。在瑜伽学校里，我扔掉了安眠药。

由于学业原因，在那里待了一周后我不得不离开。我有点害怕，回去之后再犯了该怎么办？可想而知，一旦又有了这种“恐惧”，失眠就一定还会找上来的。果然回去以后我又失眠了，但是这次我不再愤怒、不再歇斯底里了，我只是有一点点害怕。我用强大的意志力指示我的大脑，驱逐恐惧。最终，兜兜转转，几番挣扎，我终于彻底调整好了。

我要对每一个失眠的人说：

失眠最大的成因，不是焦虑，不是压力，不是什么乱七八糟的东西，失眠最大的成因就是对失眠的恐惧。有的人害怕失眠会让他们的身体垮掉，有的人害怕失眠会让他们无法工作，有的人害怕失眠会让他们的脂溢性皮炎加重甚至永远都不会好了，比如我。

万分惊恐的我们不知道自己为什么会失眠，我们很愤怒，为什么连睡觉这点小事都无法做到？习惯了掌控一切的我们现在居然掌控不了自己的睡眠，我们崩溃了。我们想到了安眠药，有了它，我们或许可以继续掌控自己已经失控的睡眠。

我必须要告诉你，如果你现在正在吃安眠药，马上停止。如果你饱受失眠之苦想要尝试安眠药，坚决不要。

吃安眠药就意味着你还要试图掌控睡眠，你还没有接受失眠的存在，你也就因此不会真正地恢复。我有一个朋友隔一段时间就会严重失眠，一旦失眠，她就会吃安眠药，然后企盼着这一拨快快结束。结果失眠就一拨一拨地肆虐，折磨着她。

你要做的是，坦然地接受失眠的肆虐。接受它，不会让你更加失控，反倒是让你在最快的时间好起来。

失眠的另一个成因是有些问题得不到解决。就比如说我，当时我的脂溢性皮炎还在康复期，没办法一下子全好，需要时间，而失眠会阻碍脂溢性皮炎的康复，所以，这就成了我不能解决的问题，这是一个死循环。只要我每天都在为“失眠加重脂溢性皮炎”这件事发愁，我就永远跳不出这个死循环。

当失眠最严重的时候，我去了医院的精神科，大夫了解了我的情况后只问了我一句话：“你能接受你的脂溢性皮炎永远无法康复这件事吗？”我咬着牙坚定地说：“我不能接受，我不明白为什么要这么折磨我。”

失眠的人总是在某个方面有无法实现的需求，所以只有当你“无欲无求”的时候，失眠才能真正好起来。

后来我终于渐渐通透了，失眠不是阻碍脂溢性皮炎的康复吗？阻碍就阻碍呗，就算我这辈子都无法摆脱脂溢性皮炎，我也一样活着啊。我每天能咀嚼饭菜的味道，能看到阳光，我的亲人们都安康，我活着就是有意义的。

我接受了“脂溢性皮炎永远无法康复”这个最坏结果。当我接受它时，我的失眠就好了。

总之，失眠很痛苦，睡不着觉会让身体疲惫不堪，会让精神恍惚，你的精神会崩溃，你会非常怨恨失眠这个东西，但是你必须坚强起来，只有坚强起来，你才能真正调整自己的情绪，从崩溃到妥协，慢慢接受失眠，慢慢心里不再有任何怨气。虽然这个心态转变的过程也是痛苦的，但你最终会康复，你最终会苦尽甘来。

"苦海无边，回头是岸。"

最后，我要送给正在失眠的人一剂药，药方是：

睡前，你的大脑可以想任何事，唯独不能想一件事——"睡觉"。

3. 练习瑜伽

当我被失眠折磨得不成人样的时候，我去了南京的一所瑜伽学校，那里的校长和我说了一句话："不是你选择了瑜伽，而是瑜伽选择了你。"我在那里得到了真正的放松。当我睡眠好转准备离开的时候，她又引用了艾扬格（世界最杰出的瑜伽大师）的一句话，"瑜伽之光一旦点燃，生命之火将永不熄灭"。

瑜伽从救助我脱离苦海到今天成为我唯一的运动方式，它给我的身体带来的改变太多了。它不仅让我修身，还让我修心。

我一直在思考这个问题，瑜伽到底有什么神奇的功力，能让我在极度歇斯底里的状态下放松，让我几近衰弱的神经得到修复，也让我惊恐的情绪被注入正念。

《奥义书》中说到，对感官和大脑的持久控制被称作"瑜伽"。

当你练习瑜伽体式的时候，拉伸会带来疼痛，保持平衡需要你的持续关注，这样你的注意力就不会在别处，只在自己的身体。此时，所有困扰你的念头都被排空，你的精神是专注而轻松的。这对于神经受损的人来说是最完美的解药——不需要药物，完全依靠自身。练习瑜伽冥想的时候也是同理。

“呼吸的长度等于生命的长度。”这是瑜伽另一个神奇的地方。瑜伽的每一个体式都与呼吸结合。随着练习的增长，你的呼吸从开始的局促，逐渐变得悠长。比熟睡时的呼吸还要悠长。你的神经和肉体因此得到了修复。

我相信坚持练习瑜伽可以治愈绝大多数的顽疾。因为很多时候，是精神上的紧张使得顽疾无法治愈。

不仅仅修复精神，瑜伽更会强身健体。

初到瑜伽集中营的时候，每天练上半小时以后，我的双腿、双臂就因为力量被耗尽而颤抖。随着时间的推移，我明显感受到自己的力量在增强，并且是柔软且强劲的力量。瑜伽不同于在健身房撸铁，瑜伽所有的重量都来自你自身的重量，除此之外，没有外加的其他作用力。因此，瑜伽对体魄的增强更像是润物细无声的。

同时，瑜伽的体式也是我们在平时生活中（包括走路和去健身房健身）不可能做到的。人类从爬行的猿进化成直立行走，心脏和其他器官因此要承受更多的重量，久而久之，形成不可逆的衰竭。而瑜伽恰恰通过它的体式，让我们找回动物般的平衡，最大限度地灵活身体的每一个被忽略的角落。

这就是我对瑜伽的理解。

我从中获得了健康，获得了力量、柔软和平衡。我的失眠好了，我再也没有经前综合征了，当我身体疲劳或情绪很差的时候，我也能通过瑜伽得到舒缓，找到“纯粹的真我”，摆脱烦恼。

从接触瑜伽算起，我持续练习两年半。中间也会因为一些特殊的事情被暂停，但是总体上我始终在坚持。我也因此收获了良好的体态。

对于初次接触瑜伽的人，我建议你不要着急，不要因为自己的体式不完美就放弃。虽然做不到完美，但是从你练习它开始你的身体就已经在发生改变了。

如果你想自己练习，却又不知从何下手，我建议你从练习初级拜日开始。

我曾经把它分享给我身边的朋友，他们都从中获得了快乐与平和。

初级拜日引导语：

1. 祈祷

站立在瑜伽垫的一端，双脚内侧并拢，大腿收紧，膝盖上提，骨盆中正，小腹内收，腰背立直，双肩后展下沉，下颌微收，目视前方（或闭眼调息）。

2. 展臂

睁开双眼。

吸气，双臂从体侧向上伸展至头顶，掌心向前，胸骨上提，打开胸腔。

呼气，以手臂带动躯干向后上方伸展。

3. 前屈

吸气，上体回正。

呼气，髋屈曲，上体向前向下，双手放在双脚两侧。

吸气，延展脊柱。

呼气，加强前屈，腹、胸、额依次贴近双腿。

4. 骑马

吸气，抬头微屈双膝。

呼气，右脚向后撤出，膝盖贴地。

吸气，胸部充分扩展，脊柱充分伸展。

呼气，髋部前推下沉。

5. 顶峰

吸气，伸直右膝。

呼气，撤左脚，双脚并拢，臀部上提，足跟下压。

6. 八体投地

吸气，抬头，重心前移。

呼气，屈膝贴地，屈肘，胸部落于两手之间，下颌、双手、胸部、双膝及双脚脚尖八个部位与地面接触。

7. 眼镜蛇

吸气，上体向前向上，胸部上提，手臂推地，脚背贴地。

呼气，躯干后展，不要耸肩，髋部下沉。

8. 顶峰

吸气，脚尖点地。

呼气，收腹，臀部上提，足跟下压。

9. 骑马

吸气，重心前移。

呼气，收右腿于双手之间，左膝贴地。

吸气，胸部充分扩展，脊柱充分伸展。

呼气，髋部前推下沉。

10. 前屈

吸气，伸直左膝。

呼气，左脚向前收回与右脚并拢。

吸气，延伸脊柱。

呼气，加强前屈，腹，胸、额依次贴近双腿。

11. 展臂

吸气，抬头，手臂带动上体还原正中。

呼气，躯干向后上方伸展。

12. 祈祷

吸气，上体回正，双手在头顶合掌。

呼气，双手落到胸前，闭眼调息。

以上是南京育人瑜伽学校的老师们整理的口令。

初级拜日也是最适合瑜伽入门小白练习的。对于上班族来说，每天抽出半小时练习六遍，足以缓解一天久坐的劳累，排解职场的紧张情绪。

希望瑜伽能帮助更多的人。

推荐艾扬格大师的《瑜伽之光》这本书。这里有大师最人性化的训练计划。无论你是第一天认识瑜伽或是几十年的伽人，你都会从中收获无穷的宝藏。

我练瑜伽的时候经常听的歌单：歌手 Deva Premal 的歌曲。

平常的时候听着，也非常的舒缓，放松神经。尤其晚上听可以安神，快速入睡。

4. 咖啡和茶，尽量少喝

我将死于三万杯咖啡——巴尔扎克。

咖啡和茶，都是让人睡眠减少的东西。高考和大学期末的时候，为了提神，我会喝点绿茶，本来我一天需要睡 8 小时，喝了以后睡 6 小时也不困。咖啡我绝对不敢在疲劳或困倦的时候喝，因为喝完以后心脏很不舒服，心跳加速，出汗，严重时手抖。并且晚上会大半宿睡不着。

如果一定要喝，那么请尽量在清晨或上午的时候喝吧。

5. 25 岁之前不需要任何护肤品

这是一个资深美容专家告诉我的。那时候我只有 16 岁，没有任何概念。

到了我 20 岁的时候，有一种“抗初老”的说法很流行，身边的同龄人都在纷纷尝试，不少人攒钱就为了买最贵的，LAMER 和 SK-Ⅱ，好像不用那些昂贵的东西，自己就会输在“抗初老”的路上。

“抗初老”是绝对有必要的，但并不是依靠堆砌大牌护肤品这种方式。“抗初老”只能依靠良好的作息、饮食，甚至心态来实现。我不得不承认，一个女人的皮肤只有在十六七岁的时候是极度“抗造”的，那时候你熬夜，不卸妆，甚至都不会留下什么痕迹。可是过了20岁，你的任何“造作”都会印刻在脸上。

我因为脂溢性皮炎无法使用任何一款护肤品，现在我23岁半了，但是我真的一点儿都不比那些拼命敷面膜涂面霜的同龄人显老，反倒是，总有人把我当成刚上大学的学生。或许，不敷面膜不涂面霜不化妆反而保护了我。

有些人看起来比实际年龄要老的原因是糟糕的作息和饮食，与护肤品没有任何关系。多余的护肤品只会让年轻皮肤的耐受性越来越差。

6. 硬防晒比任何抗衰老护肤品都更有用

正确的“抗老”方式是防晒！光氧化对皮肤的伤害是最厉害的，也是最容易被忽视的。它才是让你的皮肤快速变老的真凶。起初，我也没有意识到防晒=防老，但是我的脂溢性皮炎迫使我不能接受户外的紫外线，曾经有几次，我在盛夏的户外活动半小时（打伞、戴口罩），回来以后发炎的部位还是变得红肿了，几天后才消下去。所以盛夏的中午我从不出去，甚至是有点阴天的时候（夏天）我都会打伞，而冬天阳光强烈的时候我还是会戴上帽子遮阳。口罩我一年四季都戴。我一年四季都在防晒（而且不用防晒霜）。我在人为地阻碍光老化。

P. S. 除了防晒，还应该防冻、防风，尤其是冬天。绝对不能让寒风摧残我们的皮肤。戴口罩很有效果。

7. 平常的日子里不化妆

都说女人不如男人“禁老”，我认为化妆是一个很大的成因。再轻柔的化妆（卸妆）手法日久天长地积累起来也会让皮肤永久地松懈下去，而相比之下男人每天洗个脸就 ok 了。每天早上少睡半小时甚至一小时起来化妆就更是消耗青春的。

我们需要的是平时养精蓄锐，素颜让皮肤透气，在关键场合给它一鸣惊人，这往往能达到意想不到的效果。

8. 尝试几天不洗脸

总有一些护肤专家说，脸必须要洗干净，不然会堵塞毛孔。然而脂溢性皮炎的我毛孔本来就已经堵塞了，这种说法并不适合我。频繁（或过度认真）地洗脸反倒让我的皮肤更加脆弱，加重了我的炎症。所以每次洗脸我只是用一点点洗面奶，轻轻地抚摩几下就好了。后来，我看到网上有一个外国女子 30 天不洗脸的对比图，30 天不洗脸，她的脸却更加白皙有光泽。我便决定尝试一下。

最初，我试了试 3 天不洗脸。到了第二天的时候，我的脸上出了很多油，看起来很不干净。可是第三天醒来后，我发现脸色非常好，发炎的部位几乎恢复了正常的肤色。第三天晚上，我在洗脸的时候可以明显地感受到脸部变得非常光滑。我知道这不是骗人的，不洗脸真的会让皮肤变好。后来，一有机会，我就连着几天不洗脸。脂溢性皮炎恢复得更快了。

我还有一个朋友，也曾经被严重的皮炎折磨。她坚持了 30 天不洗脸，面部发炎的部位逐渐变硬、结痂、脱落……她的皮肤最终恢复得非常好。

千万不要小看人体的自愈能力。其实面部分泌的油脂就是最好的护肤品，它就可以阻挡外部的污染，并保护和促进内部皮肤再生。

现在是炎热的夏天，我每天只在睡前洗一次脸，等冬天到来的时候，我也要来一次 30 天不洗脸的计划。

9. 科学减肥

我身边有很多有毅力、有定力的女孩，她们总是能保持标准的体重，上下波动不会太大。也有一些女孩曾经很苗条，后面经历了一些突发事情，或者是情绪的巨大波动，突然之间开始增加饮食，一天吃上四五顿饭，体重一路飙升并且再也瘦不下来了。

我曾经是后者，现在我变成了前者。高考前的一年，压力巨大，我开始吃得非常非常多，一天吃四五顿饭，有的时候我根本不饿，但还是总想吃点什么。相信很多胖过的人都有这种经历。

我的亲身经历总结出这句话，变胖不知不觉，变瘦愚公移山。

胖不仅影响外观，主要它对身体不好，它影响你的五脏六腑以及新陈代谢。除非你有家族遗传，你变胖的99.9%的原因就是吃得太多了。有一点我敢肯定，那就是“忍饥挨饿”是减肥的必经之路，没有人可以越过它（抽脂除外，但是会反弹）。

如果你像我一样，在短时间内快速变胖，那你还是幸运的，因为这时候肉还没有“坐实”，你只需要一点点把胃饿小，就会瘦下来（说得简单，过程却很残酷）。但是如果你用多年时间一点一点地变胖，那么很不幸你的减肥之路就会更加艰辛和漫长了，你不仅需要忍受饥饿，还要进行大量的运动（千万别迷信什么减肥不需要节食，只要运动就够了，光运动，饮食不减量，你只会变成一个结实的胖子）。

下面我分享我减肥的经历：

我的减肥分了三个阶段。

第一阶段（137 斤—127 斤）：我只是少吃（从一天四顿变成一天两顿），坚持了一个月，就成功了。

第二阶段（127 斤—117 斤）：这一阶段历经了三个月。这是最容易反弹的阶段。这段时间我一周会有两三天的时间只吃两顿饭，其余虽然是三顿饭，但是每一顿也都不会吃太多。其实这个体重的我已经算是微胖了（并不像第一阶段那么显著），有时候我会松懈，大吃一顿，然后看着飙升的体重号啕大哭。

第三阶段（117 斤—107 斤）这一阶段历时四个月，我逐渐走向疯狂。其实我已经成功减掉二十斤了，但是不知怎么的，在我最胖的时候我很淡定，当我快要看到曙光的时候，我的心态却越来越不好。我到了减肥的“瓶颈期”了。之前的减肥手段开始不生效了，看着体重卡在 117 斤不降，我决定要对自己狠一点了。除了早上两片面包，中午和晚上我不吃主食和肉类了。通常，我会要两份蔬菜，就着学校食堂免费的玉米糊吃（玉米糊稀得像水）。白天我会很饿很饿，教学楼里自动贩卖机里有各种小零食，我会在饿得受不了的时候买点吃，有的时候一天下来，我吃的小零食比正餐还多（结果就是便秘）。我还买了很多口香糖，在我特别饿的时候我会一起嚼上三四个，找一找那种吃饭的感觉。我还尝试过抽烟，为了缓解抓心挠肝的饥饿。这样造作了两个月后，我瘦到 107 斤。这时候，一米七的我已经很瘦了。这期间我去洗浴中心洗澡的时候昏倒过一次，被人家按人中之后苏醒了。

但是我并没有就此收手，我就像着魔了一样，我看到减肥后的我变美了，脸小了，轮廓凹陷，五官立体了。我认为，再瘦一点我就成天仙了。

我继续魔鬼般地造作。直到我减到了104斤，我觉得我快要被风吹走了。这时候疯狂的我并没有注意到，头发掉了快一半，发丝轻轻一扯就断，眉毛也不剩几根。直到我开始不来月经，我才意识到问题的严重性。

但是被损害的身体是不会轻易地修复好的。即便我开始恢复正常饮食，并且服用中药，月经还是不来，直到第四个月才开始逐渐恢复。又过了一段时间，我毫无征兆地又一次昏倒。当时放暑假在家，我来着月经，身体更加虚弱，妈妈叫我下床吃饭，我竟觉得走不动路，妈妈开始还不信，我告诉她我必须马上去医院。结果她和舅舅两个人把我架去了医院，就在我马上要躺在医院床上的时候，昏倒了。我严重低血糖，医生给我打了葡萄糖，她只和我说了一句话：“好好吃饭！”

直到半年以后，我仍然担心我会随时昏倒，包里面总带着几颗糖。正值寒假我在北京实习完准备回家，就在火车站，人山人海，我忽然觉得又要昏倒，而且当时我又多了一个毛病

（总上不来气），这两种感觉叠加在一起，我在万分惊恐的状态下叫了一辆救护车，送去医院检查了一遍，结果没什么毛病。

我的减肥之路既是成功的又是失败的，成功的是我真的瘦下来了，而且再也不会反弹，失败的则是我严重地损害了身体（现在已经调整好了）。希望对你们有所帮助。

我的忠告就是：

①无论遇到什么压力，也不要暴饮暴食。你不敢确定胖了以后你是否还能成功地瘦下来。所以在你瘦的时候就要时刻提醒自己。另外，突然之间增胖，对你的身体没有半点好处。

②减肥万万不可不吃主食，否则会停经，会昏倒。

③减肥期间一定要吃热的食物，切不可喝冰水。

④减肥最难的不是掉体重的日子，而是掉完以后的日子，你要做好心理准备，为了防止体重反弹，你必须坚持到底。

⑤减肥不要着急，不要着急，不要着急，这是一场旷日持久的战争。

10. 控糖

糖会分解自由基，让胶原蛋白快速流失。而且，糖是引人发胖的头号杀手。告诉自己——“奶茶是最愚蠢的东西”。我办公室的一个同事，总是减不下来体重，我们看她每天吃得很少，她自己也很纳闷，为什么瘦不下来呢？后来她自己发现了，她饿的时候会吃一大块糖浆夹心巧克力。

11. 喝水

我早晨起来第一件事就是喝一杯蜂蜜水，这会让我干枯的喉咙立即活润起来，我也因此从来不会便秘。起床后的半个小时内肯定会排便。白天我也会大量地喝水，是的，还是因为我想快速治好脂溢性皮炎。结果我发现喝水是很有好处的。然后你会发现，喝水不仅会让皮肤变好，还会减少进食，进而保持良好的身材。但是一定记住，不要喝冰水。尤其是进入湿热伏天，一旦喝冰水，体内进了寒气，会排不出去的。

12. 吃早饭

不吃早饭就等于虐待自己的胃，用不了多久，胃就会反过来虐待你。经历了一夜的消耗，胃部此时是最虚弱的状态，如果不进食，再扛上一上午，你的胃真的会罢工。关于早饭，我建议不要吃得过于重口味和油腻。我很爱吃中式早点，油条、豆腐脑、小笼包。但是为了清爽的皮肤，我建议西式早餐。

面包配黄油或果酱，再吃点软乎的水果（猕猴桃，香蕉，或者橙子），喝点东西（牛奶、酸奶、果汁、蔬菜汁等）加一个鸡蛋，对于保持身材的女孩来说，足够了。

13. 保养头发

我有秃顶家族遗传史，所以我年纪轻轻的，上头皮的头发就很少。再加上当年节食过度，有一阵子我几乎快要真的秃顶了。这使得我不得不想尽办法保护头发。有一点我敢肯定的就是，频繁的洗头、吹头对头发的伤害非常大。甭管你用的是多么昂贵的洗发水或是多么先进的吹风机。你可以对比一下，三四天洗一次头发并且自然晾干和每天都洗头并且吹干，你会轻而易举地发现前者让你的头发更加茂盛浓密，用手都能感受到它的重量在增加。

频繁的烫染会把一头优质的秀发搞坏。曾经半年的时间里我染了两次头发，我年轻的秀发直接变成了枯草。

对于头发的养护，我还要说：

熬夜真的会大把掉头发。

频繁地使用卷发棒卷刘海儿，你就离秃顶不远了。

梳一段时间短发（越短越好）可以让垂死的头发快速恢复起来。我就是以此让头发获得重生的。

隔一段时间就剪一次发梢，这样会让头发生长得更强劲。

喝黑芝麻糊黑豆粉，很有用。

经常梳头有好处。

14. 用鼻子呼吸

用你的鼻子呼吸。我从小到大经常用嘴呼吸，这导致我的鼻炎进一步加重。当时在沈阳，天气又冷，每年冬天我都会犯一次特别严重的鼻炎。直到后来我看到一个对比图，一对出生时一模一样的双胞胎，由于成长的过程中，一个经常张嘴呼吸，另一个用鼻子呼吸，两个人长大后容貌不一样了。用嘴呼吸的孩子下颌线明显不如另一个用鼻子呼吸的孩子的优美。其实这也有一定的科学依据，总是张嘴呼吸下巴向下坠，长年累月就会影响面容。

除了对外观的影响，用鼻子呼吸对整个呼吸系统乃至全身都是有好处的。鼻子里的鼻毛可以过滤很多杂质，同时还可以湿润吸入的空气，起到保护嗓子的作用，这些都是用嘴呼吸所不能实现的。特别是当你劳累的时候，这种放松方式能够解乏。

而且越是紧张的时候，越要用鼻子呼吸。紧张的时候用嘴呼吸很容易让喉咙干燥，说话的声音都难听了。用鼻子呼吸可以让我们放松，把气沉下来。

15. 隐形眼镜有事时再戴

隐形眼镜戴久了会让眼睛十分干涩。我曾经连续戴了十五天以上的隐形眼镜，我本就很差的视力又下降了。虽然我也不清楚这里面的原理。而且，一天中戴隐形眼镜的时间一旦超过十二个小时，眼睛就好像无法呼吸了一样，非常难受。

所以我建议没必要的时候不戴隐形眼镜，需要戴的时候，也尽量减少佩戴的时间。比如你今天晚上有个活动，那你就在活动之前佩戴便来得及。或者是你要跋山涉水地去一个地方见一个重要的人，那路途中也不要佩戴隐形眼镜。

既然我们这些近视眼并不打算在未来做手术，那么在我们未来的几十年时光中，我们就避免不了地频繁佩戴隐形眼镜，我们更不能在没必要的情况下损耗眼睛，要坚持“可持续发展”哦。

16. 不要着凉

女人很多问题都是着凉引起的。在空调房里穿裙子（哪怕是长裙），会直接导致下面受风，宫寒、月经不调、痛经、血液流通不畅。如果你是工作需要，必须穿裙子，记得在里面加一条打底短裤。在空调房裸露双腿和双脚，简直就是对女人的残害。

初中上学的时候，11 月的沈阳早已寒风凛冽，那时候，我的校服外面就一件薄薄的外套，脖颈直接裸露在寒冷空气中，寒气从脆弱的脖颈进入体内，侵蚀我的身体。当体内进入了过多的寒气时，就积聚了寒湿，所以当时我的痤疮才会那么重。

当你受了风寒的时候，你体内的反应可能不像我那样，都表露在了脸上，你可能有很完美的皮肤。但是，这往往会更加糟糕，因为你的体内已经开始有物理反应了，但是你却注意不到。而当它变成化学反应的时候，你才发现毛病已经坐实了。所以，我们女孩儿千万不能让身体受风寒。

P. S. 冬天戴一条大围巾很浪漫的。

当然，这里呈现出的，只是我认为对我自己很重要的东西，它只是养生的一小部分。养生还要顺天意，顺节气，最最重要的是，要有一个好的心情。

祝福朋友们，希望我们的生活会越来越好。

后记/致谢

2020年2月底，又是一个迷茫的夜晚，我在想，人生为何总是缺少意义。我打开了电脑，没错，我要写一本书了。也许，这也是一种自我疗愈，我人生中的第一本书。

因为新冠疫情，演出行业全面冰封，那几个月，我坐在家里码字，微信采访身边的她们，偶尔也有他们。在北京，当我遇见了她们，我便有一种强烈的冲动想要写点什么，但是，我没有勇气。不过最后，也许是为了我自己，我终于可以写了，也必须写了。如果这本书同时也能疗愈你，那真是太好了。

我们活得像一个个勇士，在这里，我们的生活值得被记录，我们的生活也需要被拷问。

感谢我所遇见的你们，感谢愿意和我分享人生的你们，女孩，谢谢你，女孩，加油。